刻意练习
父母与孩子的有效对话 漫画版

凌希 著

中华工商联合出版社

前 言

这个世界上的每一个人都曾是孩子,这个世界上的大部分人都终将成为父母。

对于每一个人来说,父母都是自己无法选择的至亲至近之人。每个人在对世界社会的认知和自我人格的建立上,都留有来自父母的不可磨灭的印记。每一个人能够从一个婴儿成长为一个健全的成年人,背后都离不开父母物质和精神上的持续付出。理论上,父母应该是最让孩子感到安全、依赖、信任的存在,但是又有很多孩子对自己的父母或多或少地持有抱怨。这不由得让人思考,父母含辛茹苦地付出十几年,为什么在某些孩子的眼中,父母似乎是站在他们的对立面?

如果你静下心来观察,就会发现,我们的社会中有一种很有趣的现象存在:很多父母信奉对于孩子要进行强力管理,当孩子不服从父母的强制手段时,父母或是斥责"我现在不管你,你将来学坏了怎么办",或是苦口婆心地劝勉"我这么管你不都是为你好?正因为爱你才要这样管你"。

这些父母认为,引导和讲道理对孩子收效甚微,只有用强制手段才能体现出他们对孩子的爱。在这样的思想指导下,他们要求孩子大事小情都要按照自己的要求去做。凡是父母认为对孩子有利的,孩子就得全盘接受、严格执行；凡是父母认为对孩子有害的，孩子就绝不能触碰。父母可以随意处置孩子的物品，父母可以随意探查孩子的隐私，父母可以随意决断孩子的事务。

可这真的是爱吗？

每一个人都需要他人的尊重和平等对待，孩子也是一样。如果父母用居高临下的态度、粗暴的行为与孩子沟通，这与其说是"爱"，不如说是控制与操纵。这样对孩子强力管理，只会给孩子带来伤害，同时还会让亲子关系紧张。在这样的环境中长大的孩子，就很容易对父母产生敌对和抱怨情绪。

父母对孩子真正的爱，是基于孩子自身的客观需求，以平等、尊重的态度，用非强力的方式和孩子沟通，使其健康成长。本书基于父母对孩子正确的爱的方式，针对家庭教育中的常见问题，将非强力的解决方法高度凝练为公式化的语言，并结合生活中的真实案例进行解析，让读者可以准确掌握亲子间非强力沟通的要点，掌握非强力沟通的技巧。

最后，把老子《道德经》中的一句话送给各位父母："生而不有，为而不恃，长而不宰。是谓玄德。"

目录

第1章 从爱出发,用爱说话
孩子爱父母,远胜于父母爱孩子 ... 2
语言强力的类型及危害 ... 4
✓ 爱 + 无私的对话方式 ... 7
✓ 爱 + 平等的对话方式 ... 10
✓ 爱 + 尊重的对话方式 ... 13

第2章 感恩≠亏欠,停止对孩子的道德绑架
让孩子感到亏欠不是感恩教育 ... 18
亏欠感会成为重压在孩子内心上的枷锁 ... 19
✓ 感恩 − 强迫的对话方式 ... 22
✓ 感恩 + 相互的对话方式 ... 25

第3章 "你真棒"不是有效表扬
鼓励≠夸奖 ... 28
心理学中的强化理论:鼓励是正强化 ... 29
✓ 鼓励 + 行为的对话方式 ... 31
用成长型思维鼓励孩子 ... 34
✓ 鼓励 + 态度的对话方式 ... 36
鼓励的三个注意事项 ... 40

第 4 章 批评≠羞辱，就事论事，让孩子真正改正错误

批评≠羞辱 44
羞辱对亲子关系的危害 45
孩子为什么会犯错 47
✓ 批评 + 客观的对话方式 49
✓ 批评 + 引导的对话方式 53

第 5 章 规则≠控制，平等对待共同成长

你是否在无形中控制孩子 58
控制型父母的特点和危害 59
✓ 规则 + 参与的对话方式 63
✓ 规则 + 实施的对话方式 67

第 6 章 不做包办型父母，明确界限才能让孩子主动担当

什么是父母对孩子的包办行为 72
建立边界感是培养孩子责任心的基础 74
✓ 责任 + 划分的对话方式 76
✓ 责任 + 后果的对话方式 80

第 7 章 协商构建亲子间的沟通桥梁

威胁，虽然一时管用却后患无穷 86
用威胁的方式管教孩子的危害 86
✓ 商议 + 倾听的对话方式 90
✓ 商议 + 客观的对话方式 94

第 8 章　拒绝≠训斥，避免陷入权力之争

拒绝孩子也是一门学问　　　　　　　　100
训斥责骂对孩子的危害　　　　　　　　101
如何判断父母是否与孩子陷入了权力之争　102
✓ 拒绝 + 行为的对话方式　　　　　　　105
✓ 拒绝 + 方式的对话方式　　　　　　　108

第 9 章　充分关注，孩子更渴望情感满足

长期忽视对孩子造成的心理损伤更甚于虐待114
忽视对孩子心理的具体危害　　　　　　115
✓ 关注 + 需求的对话方式　　　　　　　118
✓ 关注 + 方法的对话方式　　　　　　　122

第 10 章　安慰：卸下包袱才能让孩子越挫越勇

你是抱怨型人格吗？　　　　　　　　　128
抱怨型人格的父母有哪些基本特征　　　129
✓ 安慰 + 共情的对话方式　　　　　　　132
✓ 安慰 + 引导的对话方式　　　　　　　136

第 11 章　完全接纳：爱是孩子一生的避风港

否定只会毁掉孩子的未来　　　　　　　142
父母经常否定孩子的内在原因　　　　　143
父母长期否定孩子的危害　　　　　　　145
✓ 接纳 + 真实的对话方式　　　　　　　146

✓ 接纳 + 方法的对话方式　　　150

第12章　**信任你的孩子，做孩子坚固的靠山**
　　　孩子不愿交流是因为父母不够信任　　　156
　　　父母对孩子不信任的原因　　　157
　　　✓ 信任 + 逻辑的对话方式　　　160
　　　✓ 信任 + 调查的对话方式　　　164

第1章

从爱出发,用爱说话

孩子爱父母，远胜于父母爱孩子

和伴侣从恋爱到步入婚姻殿堂，接着迎来一个全新的小生命。从这一刻开始，两人就不再仅仅是别人的孩子，也变成了别人的父母。这让两人和孩子在纷繁复杂的人际关系中又多了一层亲子关系。

随后，父母便按部就班地抚养孩子。每天都照顾着孩子的饮食起居，见证他们的点滴成长；看着孩子一天天长高、长壮，看着他们学会翻身、站立、走路、叫爸爸妈妈；送他们去学校接受教育，从幼儿园、小学，到中学、大学。父母在孩子的成长过程中，每一分每一秒都在付出，直到他们长大成人，成家立业，开始生命的下一段旅程。

我相信，经历这些的父母，如果听到这样一个问题："你爱孩子吗？"第一反应可能是认为这个问题愚蠢又可笑。大家应该都会不假思索地回答："**在这个世界上只有从小抛弃孩子的父母才不爱孩子！**"诚然，对于大部分父母来说，爱孩子是一种本能。但是在这里，我要向大家提出另一个观点：

孩子爱父母，远胜于父母爱孩子。每一个孩子天生都爱父母，但不是所有父母都懂得如何爱孩子。

父母都一定经历过这样一个场景：在孩子很小的时候，我们因为孩子的某些问题正在训斥着他们，他们一边号啕大哭，一边却伸开自己小小的手臂，蹒跚着走向我们，想让我们给予他一个拥抱。这时的孩子，可能只是刚学会走路，只会说一些简单的词汇，但他们已经在用自己稚嫩的方式表达对父母的爱。

父母在爱孩子的同时也希望孩子可以变得更好、更懂事。因此父母会因为孩子不听话而感到愤怒，会因为孩子没有达到自己的要求而训斥，会因为孩子犯错而发火。但孩子对父母的爱大多数时候是无条件的，在孩子的心里，父母就是他们世界的中心，他们愿意毫无保留地爱着父母，并且愿意表达他们对父母这份纯粹的爱，即便孩子会在父母那里受到委屈，即便父母距离孩子理想中的父母还有些差距，但他们的内心依然会爱着父母。他们总是能很轻易地原谅父母的错误，并竭尽所能地去爱着父母。孩子还不知道怎么去表达他们的爱，他们会偶尔调皮捣蛋惹父母生气，这或许会让父母忽略孩子对父母的爱。但请牢记，不是只有父母在为爱付出，孩子也正在用尽全力地爱着父母。而孩子对父母的爱，往往更纯粹、更无私、更不求回报。

如果爱，就别伤害。父母的语言强力对孩子造成的精神伤害，足以摧毁他，语言强力的精神折磨比肉体的伤害还要严重，并且终身无法痊愈。真正爱孩子的父母都应该时刻审视自己的言行，思考自己的言行是否踏入了语言强力的范围。

所以，当我们想用强力的语言去对待孩子的时候，请想一想自己身边那个默默地、无私地爱着你的孩子。要记住，孩子爱父母，远胜于父母爱孩子。每一个孩子天生都爱父母，但不是所有父母都懂得如何爱孩子。

语言强力的类型及危害

① 冷漠型强力

冷漠型强力通常表现为父母在语言和行为上对孩子冷淡、忽视、放任、疏远、漠不关心等。比较常见的错位表达，如**"你想干吗就干吗""别问我，我不管""你能不能别来烦我"**等冷漠型强力会让孩子的内心缺乏安全感，不断贬低自己，演变为讨好型人格，无法成长为独立自信的个体。

② 否定型强力

否定型强力通常表现为父母在语言和行为上对孩子打击、否定、比较、斥责、嘲讽、贴标签等。比较常见的错误表达，如**"你怎么这么笨""你看看某某家孩子，怎么样样都能比你好""就你这点天赋，还想学画画"**等否定型强力会持续打击孩子的自信心，让孩子失去价值感，产生自我否定感，最终丧失勇气和持续努力的决心，意志消沉，不愿意面对挑战。

③ 尊严型强力

尊严型强力通常表现为父母在语言和行为上对孩子贬低、取笑、调侃等。通常发生在父母和同辈之间谈论孩子的隐私，或在公共场合公开批评羞辱孩子时。比较常见的错误表达，如**"你让大家都看看，你这干的什么蠢事""这孩子小时候天天尿床""他今天考试不及格，被老师叫家长了"**等尊严型强力会严重伤害孩子的自尊心，让孩子走向自卑或叛逆两个极端，或者导致孩子不愿与父母交流，进行自我封闭，抑或导致孩子选择故意与父母对抗。

④ 欺骗型强力

欺骗型强力通常表现为父母在语言和行为上对孩子撒谎、失信、哄骗等。通常发生在父母想通过一些手段来达成自己的目的时。比较常见的错误表达，如"**你要再不听话，大灰狼就来吃掉你了**""**上次答应你，考 100 分周末带你出去玩，这周我太忙了没时间，以后再说吧**""**我上次是这样答应你了吗？我怎么不记得**"等欺骗型强力会损害孩子对父母的信任，让孩子对父母的行为产生怀疑，拒绝听从父母的正确教育。

⑤ 道德型强力

道德型强力通常表现为父母在语言和行为上对孩子进行道德绑架、威胁、攻击等。比较常见的错误表达，如"**我每天辛辛苦苦上班，还不都是为了你**""**我怎么养出你这么个白眼狼**""**你考试考这么点儿分数，对得起我每天早出晚归、省吃俭用吗**"等道德型强力会让孩子产生负罪感，让孩子长期陷入自责的心理状态中，孩子甚至会因此变得敏感多疑，产生抑郁等各种心理问题。

⑥ 权威型强力

　　权威型强力通常表现为父母在语言和行为上对孩子控制、操纵、干涉等。比较常见的错误表达，如**"我说不行就不行！你必须按照我说的来做""我是生你养你的妈妈，不管说什么，你都得听""我吃过的盐比你吃过的饭还多！听我的肯定没错"**等权威型强力或是会让孩子选择与父母对抗，或是会让孩子丧失自我思考能力，变得唯唯诺诺、缺乏主见，难以成长为一个独立的个体。

✓ 爱 + 无私的对话方式

爱 + 无私

基本原则：父母对孩子的爱应该是无私的，无条件的，同时父母应该不吝于且直白地向孩子表达爱。由此推导出两个沟通模型，接下来将结合实例来讲一讲。

$$爱 + 无私 \begin{cases} 爱 + 无私 + 付出 \\ \\ 爱 + 无私 + 表达 \end{cases}$$

✓ 爱 + 无私 + 付出

风雨无阻送饭的妈妈

汽水的妈妈每天中午都风雨无阻地到学校给汽水送饭,今天送饭的时候,汽水妈妈得知汽水前几天期中考试成绩突然退步了。

✗ 你考这么点儿分数对得起我每天辛辛苦苦给你送饭吗?从明天开始我不给你送了!

原来妈妈给我送饭只是为了我的分数,而不是出于关心我。

✓ 一次考不好没关系,别让成绩影响你好好吃饭,下次认真准备,一定可以考好的!

妈妈这么关心我,我一定要好好努力。

✗ 父母对孩子的付出一旦附加条件,孩子就很容易认为自己必须达到要求才能获得父母的爱,这甚至会让孩子认为,如果自己表现得不好、无法得到父母肯定的话就不配得到父母的爱,使之怀疑父母对自己的爱是一种等价交换,并不是真正的爱。

✓ 父母的付出,孩子都能看在眼里,父母不刻意强调,才能让孩子感受到父母无私的爱,反而会起到更好的教育效果。

✓ 爱+无私+表达

孩子突如其来的担忧

　　果冻的同学花花的父母前段时间离婚了,同学们私底下讨论着,是因为花花的爸爸不爱她,所以花花才被法院判给了妈妈。果冻回到家,告诉了爸爸这件事情,并且担忧地问爸爸会不会有一天不再爱自己。

 小屁孩整天瞎想什么呢!你只要好好学习,爸爸就会一直爱你!

如果我达不到爸爸的要求,他可能有一天会不爱我。

 果冻是爸爸的孩子,不管发生什么,爸爸都会永远爱你。

爸爸,我也永远爱你。

 很多时候,父母爱孩子却羞于表达,但对孩子来说,用最直白的语句更能让其感受到无私的爱。

 父母很多时候觉得哄孩子的话无关痛痒,但对于孩子来说,可能就有千钧之重。

✓ 爱+平等的对话方式

爱+平等

基本原则:父母对孩子的爱,要在家庭事务和沟通中用平等的态度来体现。由此推导出两个沟通模型,接下来结合实例讲一讲。

$$\text{爱}+\text{平等}\begin{cases} \text{爱}+\text{平等}+\text{沟通} \\ \text{爱}+\text{平等}+\text{事务} \end{cases}$$

✓ 爱+平等+沟通

告知学校活动的孩子

下周汽水的学校要举办运动会，邀请学生父母到学校一起参与活动。汽水放学回家看到正在做家务的妈妈并准备告诉她。

✗ 是不是身上又没钱了？你自己去拿吧，我现在正忙着，没工夫听你说这些。

妈妈，你能不能先听我说完？事情根本不是你想的那样。

不用，到时候只要妈妈给我加油就可以啦。

✓ 妈妈除了按时到场外，还要准备其他的东西吗？

✗ 平等沟通的基础是让人把话说完，很多父母之所以对孩子不了解，常常是因为没有和孩子平等沟通。

✓ 认真聆听，准确理解对方的意思，是平等沟通的第一步。

✓ 爱 + 平等 + 事务

看电视引发的矛盾

晚上吃完饭后，果冻飞快地跑到电视机前找到自己最喜欢看的动画片，可是这时妈妈走过来，她想看电视剧……

✗ 看什么动画片，赶紧回屋写作业去！

这不公平！凭什么你能看电视剧，我就不能看动画片！

✓ 我们每人一个小时，交替看电视吧？用剪刀石头布来决定谁先看！

好的，妈妈你赢了，你先看吧，我先去写作业！

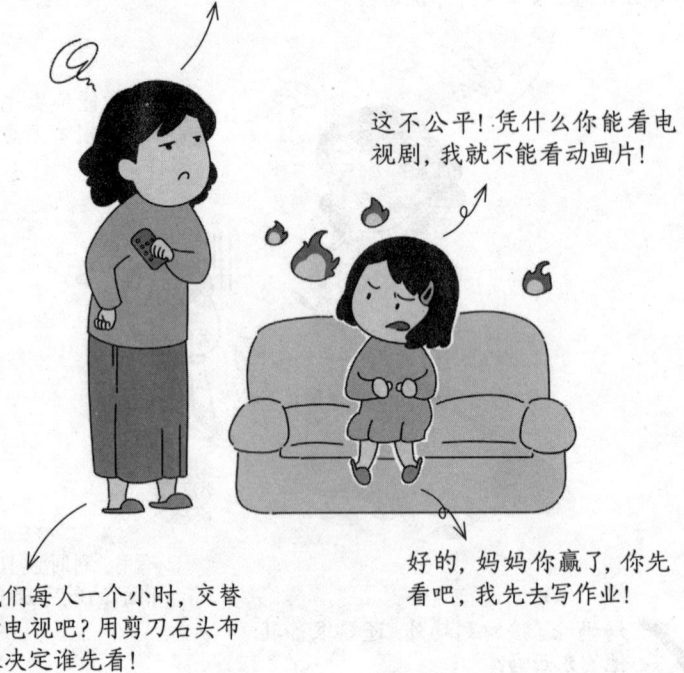

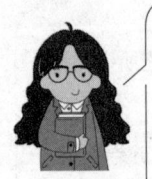

✗ 父母不能平等对待孩子，只会让孩子不服气，引发孩子和自己的对抗。

✓ 爸爸妈妈肯定是非常爱孩子的，因此，不要羞涩于表达自己，要向孩子说爱他，同时也要教会孩子如何去表达爱。

✓ 爱+尊重的对话方式

爱+尊重

基本原则：父母爱孩子，就应该尊重孩子的意愿，同时在行为上要给予孩子及时且正确的回应。由此推导出两个沟通模型，接下来结合实例讲一讲。

$$爱+尊重\begin{cases}爱+尊重+意愿\\爱+尊重+回应\end{cases}$$

爱 + 尊重 + 意愿

装修房子时挑选窗帘

　　汽水家最近要装修房子，今天全家一起去挑选家居用品。汽水的爸爸选中了一款棕色的窗帘准备换上，可是汽水想要给自己的卧室用紫色窗帘。

我花钱就得听我的！家里只能用棕色的窗帘！

窗帘挂在我自己的房间，凭什么我不能自己挑！

谢谢爸爸！

 汽水的卧室想用紫色的窗帘啊，那你快去选自己喜欢的款式吧。

 父母不考虑孩子的意愿，粗暴干涉，就是对孩子的不尊重。

 爱的另一个基础是尊重，考虑孩子的意愿，是充分尊重孩子的表现。

✓ 爱 + 尊重 + 回应

精心准备给妈妈过生日的孩子

今天是妈妈的生日,果冻为了这一天省吃俭用省下零花钱,买了蛋糕,布置了家,还给妈妈买了一个皮包作为生日礼物。

 父母消极回应孩子的意愿,甚至粗暴干涉孩子的自主权,就是对孩子的不尊重。

 父母积极回应孩子的意愿,就是对孩子的尊重。

从爱出发,用爱说话 | 15

第 2 章

感恩≠亏欠，
停止对孩子的道德绑架

让孩子感到亏欠不是感恩教育

一个综艺节目中曾出现过这样一幕，一个小姑娘正在安静地写作业，她的妈妈在她身后喋喋不休："妈妈一天上班辛辛苦苦的，为了什么？就是为了供你上学，让你有出息。""**妈妈舍不得吃，舍不得穿，所有的希望都寄托在你身上，就希望你能出人头地。**""**你要感恩父母把你带到这个世界。**"我相信，在每个人的成长过程中，或多或少都听到过父母或其他长辈进行过类似的说教。如果你时常听到父母说这样的话，你的内心是否对父母产生了深深的愧疚？甚至认为自己是父母苦难人生的罪魁祸首呢？

在此我想说，这样的教育带来的结果，不会让孩子真正地懂得感恩父母，极大的可能只会带给孩子愧疚的情感体验。孩子会认为是自己不好，让父母为他受了苦，使孩子转而攻击自己。这显然不是父母想要的教育结果。

站在父母的角度上，我可以理解为什么有的父母会对孩子进行这样的"感恩教育"。生养孩子显然不是一件轻松的事，父母肯定是在孩子身上投入了不少的精力和时间的。当孩子无法像预期的那样给予回馈的时候，要做到不向孩子产生怨气是很难的。这个时候就要找回为人父母最初的真心。也许父母最初的心愿就只是希望孩子拥有健全的身体、健康喜乐。孩子是带着爱来到父母身边的，爱父母是孩子的本能。所以作为父母，要有十足的信心，感恩父母似乎是一个孩子与生俱来的能力、品格。孩子需要学习的是表达这份爱的能力。如何学习呢？自然是父母言传身教，用爱来教会爱。如果父母对孩子是无条件接纳的，孩子是能够感觉到父母真挚纯粹的爱的。孩子也会认为自己是棒棒的，是值得被爱的。在爱的氛围里长大的孩子，往往是满怀自信的、优秀的。那么孩子爱父母也会是自然的情感流露。父母不可能永远地陪伴在孩子身边，让孩子成长为一个有独立人格、有良好的心理素质、有生存能力的人，这是大部分父母所期望的。父母的爱会是孩子手中披荆斩棘的利剑，为他保驾护航，为他坚定信念，陪他度过漫漫人生。总结为一句话就是：让孩子学会爱自己，就是对父母最好的回报。

亏欠感会成为重压在孩子内心上的枷锁

感恩，指的本是人们在感受到外界的爱与恩惠后，由内而外产生的对爱与恩惠的回馈。而当感恩变成一种外来的要求，这时人们所表达出来的爱的信息会显得不那么纯粹。孩子会认为父母的爱是有条件的，甚至感受不到父母的爱的信号。这也就是当下亲子关系里最常见的一个现象，即父母明明那么爱孩子，但是孩子却说父母不爱他。

可见，表达爱的方式多么重要，方式错误会造成信息不能正确地传递。孩子感受不到父母的爱，他的情感世界就是匮乏的，那么他又如何以爱来回馈父母呢？

一旦孩子认为自己亏欠了父母，首先就会产生

如果父母没有生下我……

感恩≠亏欠，停止对孩子的道德绑架

"如果父母没有生下我,他们一定比现在过得更好"这样的念头,虽然这样的念头一定不是事实,但是他们会因此产生强烈的内疚、自责和负罪感,好像来到这个家庭是他的错。

之后,在强烈负罪感的驱使下,他们会不停地努力。好像一定要有很高的成就才能赎罪,不辜负父母的"牺牲"。可在对自己要求过高的同时,他们并不会对自己好。

最后,看惯了父母的"牺牲",很多孩子长大后会误以为,这就是人与人之间正常的相处方式。因此,当他们进入一段亲密关系时,可能会忍不住用力过猛,或是委曲求全,对对方万般讨好;或是对方若不能像他为对方"牺牲"一样为他"牺牲",就认定对方对自己不是真正的爱。因为他们从父母身上只习得了一种方式——爱一个人就是为对方"牺牲"。

同时,家人的"牺牲"示范,也可能会让这些孩子长大以后觉得自己无法成为合格的父母,从而拒绝生养孩子。因为他们觉得自

咱们及格就行,不用有压力。

己如果做不到父母那样的"牺牲",他的孩子会怪他做得不够;或是认识到了自己身上有源自父母的枷锁,但害怕自己无法与孩子建立正常的关系,让孩子背上和自己一样的枷锁。可见,父母带给孩子的亏欠感会长期影响,甚至主导孩子在人生中的方方面面,对孩子产生不可挽回的巨大负面影响。

身为父母,我们有义务、有责任去养育孩子,去给予孩子足够的关心、陪伴和爱。如果想成为合格的父母,请首先理解"爱是无私的"这句话。我们的付出可能不会有回应,可能不会得到回报,但只有我们依然愿意为孩子付出,为孩子去做一些事,为孩子去花费自己的时间和金钱,而不以这些为理由去对孩子索取的时候,我们才有资格成为合格的父母。

其实,在感恩这方面,更多的时候,父母反而需要做孩子的学生。孩子自带一颗纯洁无垢的感恩之心,他们天生更多地关注父母对自己的爱,并献出自己的爱以回应父母。

如果有人问他们:"你这样生活累吗?放下这些不属于自己的担子,过得舒服一点儿不好吗?"他们会说:"我的父母为我吃了那么多苦,我怎么能放纵自己?"在他们眼里,"舒服"就是"放纵",他们想的只有不辜负家人的"牺牲"。

✓ 感恩-强迫的对话方式

感恩-强迫

基本原则：感恩应避免由父母或其他年长者向孩子以要求的形式主动提出，如果出现这种情况，父母应及时对孩子给予适当引导。由此推导出两个沟通模型，接下来结合实例说一说。

感恩-强迫 { 感恩-强迫+自愿

感恩-强迫+快乐

✓ 感恩 – 强迫 + 自愿

阿姨讲起我出生的故事

妈妈的朋友来家里做客,感叹起妈妈生汽水时遇到的危险。

✗ 无论什么时候,只要为了我的宝贝,我连命都可以不要!

可是我只想让妈妈好好的,我不想让妈妈为我付出生命。

✓ 当时妈妈是认真听取了医生的意见、进行了妥善思考后才做出的决定,这个决定是妈妈自己的选择。虽然当时有一些风险,但我们现在不都健健康康的吗?而且当时医生还夸你好像有感觉一样,特别配合医生的操作呢!

成为妈妈的孩子是我的幸运!

 父母一味强调自己能对孩子做出何种程度的牺牲,会让孩子产生严重的愧疚心理和强烈的负责感。

 作为成年人,我们有选择权,但选择的压力与代价没有理由让孩子来替我们承担。

感恩 ≠ 亏欠,停止对孩子的道德绑架 | 23

✓ 感恩－强迫＋快乐

送女儿去大城市学舞蹈的爸爸

为了让女儿学好舞蹈，爸爸每周末都开车送女儿去离家几十公里外的大城市的名师舞蹈班里学习。大家都说他是一个为了女儿能牺牲一切的好爸爸。

✗ 嗨！没事儿，你能学你喜欢的东西，爸爸再辛苦10倍都愿意！

爸爸平常上班就已经很忙了，现在周末也不能休息，我觉得好对不起爸爸。

✓ 怎么会呢？爸爸每次看到你特别开心地跳舞的样子，感觉陪伴你成长的每一分每一秒都是爸爸最快乐的事情，有什么压力都烟消云散了！

爸爸，您太累了，我觉得对不起您。

爸爸，我的进步能带给您快乐，这真的太好了！

✗ 天底下所有的孩子都希望父母能够轻松快乐。

✓ 付出的一大前提是自己也要感到快乐，快乐不是让我们强颜欢笑，我们不必为难自己而过度牺牲。

✓ 感恩+相互的对话方式

感恩+相互

基本原则：感恩应由父母主动发现孩子对父母的爱，并对孩子表达出来，由此来引导孩子建立对爱回馈以感恩的行为模式。接下来结合实例说一说。

✓ 感恩 + 相互

受到了感恩教育的孩子

汽水一回家就要给妈妈洗脚,原来是老师对同学们进行了感恩教育,老师说:"是爸爸妈妈把我们带到了这个世界上,所以我们应该感恩自己的爸爸妈妈。"

✗ 没错,你们老师说得对,妈妈为了你、为了这个家,累出了一身的病。

妈妈,都是我不好,让您这么辛苦。

妈妈,我也要谢谢您选我做您的儿子。

✓ 我们也要感谢汽水啊,虽然是爸爸妈妈把你带到了世界上,但是如果不是你选择了我们,我们也不能有幸成为你的爸爸妈妈啊。

✗ 愧疚的种子就此埋下,小小年纪就要承受如此大的心理负担,并不利于孩子成长。

✓ 父母与孩子之间的缘分若是一场双向的奔赴,那对父母和孩子来说是何其有幸。

第 3 章

"你真棒"
不是有效表扬

鼓励 ≠ 夸奖

你是不是也听到过这样的家庭教育观点，"家庭教育里，表扬比批评更重要""孩子需要表扬，就像植物需要阳光和水"，等等。但是回到现实生活中，当你看到孩子在听到"你真棒""你真厉害"时那得意的小表情，是不是也会感到担心？你是不是也在暗自嘀咕："**表扬真的比批评管用吗？**""**怎么感觉夸孩子除了让他开心外也起不到太大的鞭策作用啊？**""**孩子夸多了会不会被惯坏啊？**"事实上，你担心的问题是存在的。不同的表扬方式会起到不同的表达效果，严重的会造成极大的负面影响。

鼓励与夸奖之间最大的不同，莫过于鼓励指向过程，而夸奖指向结果。

美国教育学博士简·尼尔森认为，鼓励是给孩子提供机会，培养他们"我有能力，我能贡献，我能影响发生在我身上的事情，我能知道我该怎么回应"的感知力；鼓励是教给孩子们在日常生活和人际关系中所必需的人生技能和社会责任感。

在这里，我需要提出重要的一点，即鼓励 ≠ 夸奖。只有鼓励才能培养孩子的自我认同与成长型思维，唤醒孩子内驱力，让孩子更自信，并能够积极面对生活学习中的各种挑战。

心理学中的强化理论：鼓励是正强化

诚然，夸奖有时也能促使一些孩子改善自己的行为，但长此以往，这些在夸奖中长大的孩子很容易变成寻求他人认可的人。当他们成年后，或是完全被他人的观点所左右，或是因为不想被他人的期望所左右而完全厌恶他人的评价。更有甚者，为了得到夸奖不计后果、不择手段。在夸奖将结果的重要性无限拔高的同时，真正重要的过程就变得可以取舍，甚至令人产生消极感受了。

根据心理学中的强化理论，当一个行为的发生让我们产生了消极感受后，我们就会采取措施，想方设法减少它的发生，这种强化

> 这就很好地解释了面对同样的课后作业，为什么有的孩子能主动高质量地完成，而另一些孩子的作业却屡屡以"忘带""弄丢""不想写"为由马虎应对了。

叫作负强化。而正强化则是一个行为让我们有了积极的感受，我们就会主动让它反复发生。

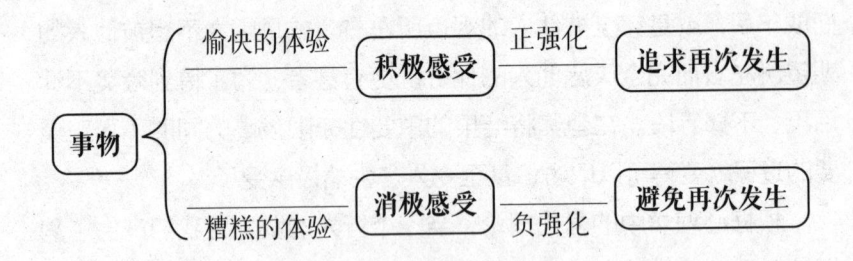

```
             ┌─ 愉快的体验 ── 积极感受 ──正强化── 追求再次发生
   事物 ─────┤
             └─ 糟糕的体验 ── 消极感受 ──负强化── 避免再次发生
```

✓ 鼓励+行为的对话方式

鼓励+行为

基本原则：鼓励要结合具体的行为，对行为中起决定性作用的事物给予正强化引导。由此推导出两个沟通模型，接下来结合实例说一说。

$$鼓励+行为\begin{cases}鼓励+行为+过程\\鼓励+行为+意义\end{cases}$$

✓ 鼓励+行为+过程

孩子这次考了个好成绩

　　这次汽水的期末考试各科都是优秀,他回家就自豪地告诉了妈妈。

✗ 儿子你真厉害!真是妈妈的好儿子!妈妈太爱你了!

如果下次不是优秀,是不是我就不厉害了?妈妈就不爱我了?

✓ 这么多知识你都掌握了,每学会一个新的知识都让你特别开心吧!

对呀!每一次进步都是战胜自己。

✗ 空泛的夸奖只会让孩子获得一时的喜悦,或是会让孩子对未来可能无法满足父母更多的期望而担忧。

✓ 快乐才是进步的动力。学习是掌握与收获的过程,学习无处不在。建立起对学习的正强化,从学习中感受到快乐,才能进入自我发展的良性循环。

✓ 鼓励 + 行为 + 意义

突然主动干起家务的孩子

几乎不干家务的果冻,看到爸爸妈妈在大扫除,也一时兴起参与家务劳动。

✗ 果冻真是长大了,会帮爸爸妈妈干活了。

帮爸爸妈妈干活就能得到夸奖,以后家里有什么需要做的,一定要在爸爸妈妈能看到的时候再做。

家里干干净净的,心情也美丽!

✓ 是不是觉得做家务很有趣,所以也要参加呀?咱们清理垃圾,归置物品,这样既干净整洁,又方便使用。

✗ 不要引导孩子为了求表扬而表现给爸爸妈妈看。

✓ 也许兴趣的产生就在孩子的一念之间,让孩子明白了正确行为背后的积极意义,才能将兴趣进行正强化,将兴趣变成习惯,持之以恒。

用成长型思维鼓励孩子

鼓励与夸奖的另一个区别在于，鼓励是引导孩子用成长型思维审视自我和面对世界，而夸奖则是用固定型思维。

成长型思维和固定型思维，是美国斯坦福大学心理学教授卡罗尔·德韦克提出的人的两种思维方式。

拥有成长型思维的人的特点是：他们主动寻找机会、拥抱变化、迎接挑战，在不断尝试新鲜事物、向自己的能力发出更高级别的挑战过程中，他们虽然会遭遇失败，但是不会气馁，他们善于总结经验教训，继续发起冲锋，直到胜利。

拥有固定型思维的人的特点是：他们认为人的才能是一成不变的，更关注别人对自己的评价，他们倾向于在自己的能力范围之内做事，善于把自己擅长的事情做得滴水不漏，堪称完美，常被人称赞。他们为了确保自己成功，证明自己的智力、个性和特征，会恐惧未知和害怕挑战，往往故步自封、止步不前。

为此她做了一个著名的实验。将一批分数相近的孩子分成两组。在教学活动中给予其中一组"你真聪明,你很有天分"这种夸奖性的表扬,而另一组则给予"能有这样的好成绩,一定是你付出了很多"这种鼓励性的表扬。

> 果冻,这次考试有进步,我发现你最近很努力呀。

> 汽水,这么难的题你都答对了,真聪明。

一段时间过后,当两组孩子再次进行同样题目的测试时,有趣的现象发生了,被夸奖的孩子成绩降低了20%,而被鼓励的孩子成绩提高了30%。

由此可见,用成长型思维鼓励孩子,才能更好地使孩子积极面对人生。

✓ 鼓励+态度的对话方式

鼓励+态度

基本原则：鼓励要结合成长型思维，着眼于具有成长型思维特质的态度，对孩子进行正强化引导。由此推导出三个沟通模型，接下来结合实例说一说。

$$\text{鼓励+态度}\begin{cases}\text{鼓励+态度+努力}\\ \text{鼓励+态度+勇敢}\\ \text{鼓励+态度+思考}\end{cases}$$

✓ 鼓励 + 态度 + 努力

你可以这样为孩子树立榜样

汽水从小学习小提琴，小小年纪就获得了不少荣誉。这天，爸爸妈妈和他一起在电视上欣赏著名小提琴演奏家的表演。

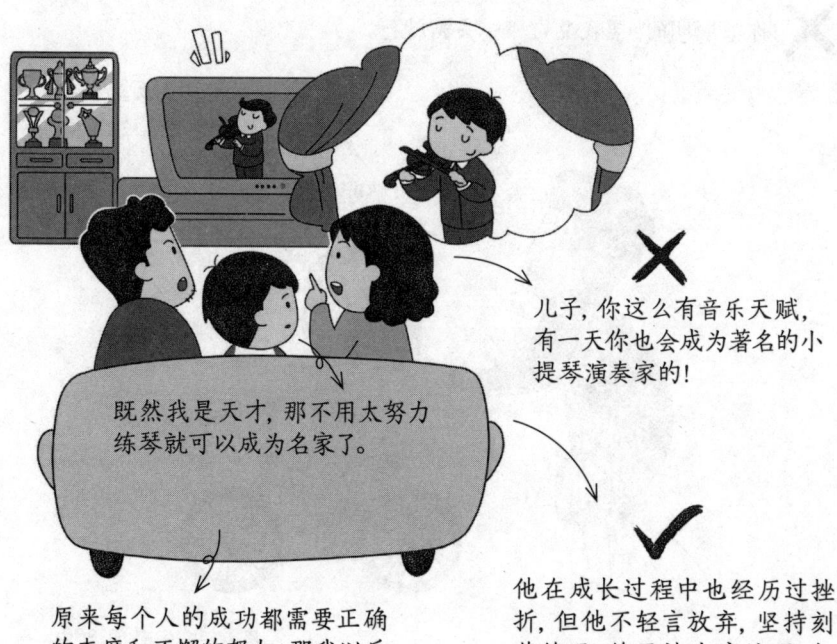

✗ 儿子，你这么有音乐天赋，有一天你也会成为著名的小提琴演奏家的！

既然我是天才，那不用太努力练琴就可以成为名家了。

✓ 他在成长过程中也经历过挫折，但他不轻言放弃，坚持刻苦练习，终于被大家认可。如果你也能像他一样，将来也会获得成功的！

原来每个人的成功都需要正确的态度和不懈的努力，那我以后拉错了音、没有得奖也不必气馁，继续努力就是了！

✗ 否定努力的作用，不会正向引导孩子。

✓ 强调榜样在通向成功道路上的努力付出，分析他们在遇到挫折时的态度和付诸努力的方法，才能正向引导孩子。

"你真棒"不是有效表扬 | 37

✓ 鼓励 + 态度 + 勇敢

孩子尝试新事物时有恐惧心理

果冻很想学骑自行车，但又害怕自己会摔跤。在爸爸的帮助下，她克服了恐惧，学会了骑自行车。

✗ 你很聪明的，照我说的那样去骑就行。

可路上还有那么多车，就算我自己没摔倒，被别人撞倒了怎么办？

✓ 虽然骑车可能会摔倒，但是爸爸会在后面保护你。如果我们勇敢尝试，认真练习，熟练掌握之后，你就可以独立骑车，再也不怕摔跤了。

原来并没有想象中那么可怕。

✗ 爸爸还没有发现，果冻此时最需要的是克服恐惧心理。

✓ 发现孩子的恐惧情绪，给孩子一个拥抱，一句安慰，告诉孩子事情并没有想象中那么可怕，勇敢面对才能解决问题。

✓ 鼓励+态度+思考

孩子在想办法解决难题

　　汽水和小杰在院子里发现了一只被木板压住动弹不得的小猫，但木板太大太重了，两人抬不起来。汽水想到个好办法，他找来一根木棍，和小杰一起撬起木板救出了小猫，下班回家的妈妈刚好看到了这一幕。

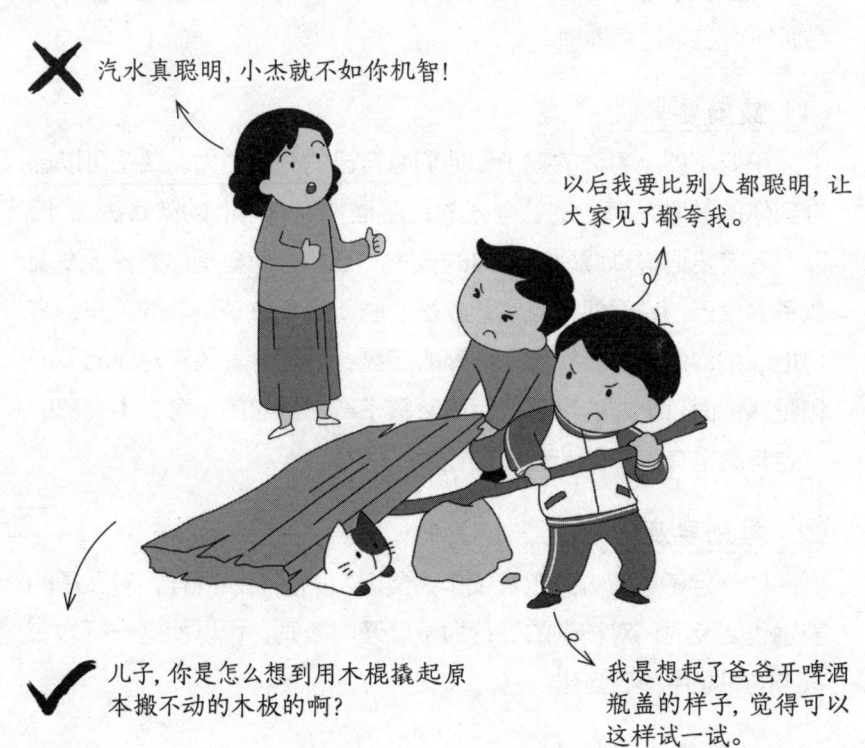

✗ 汽水真聪明，小杰就不如你机智！

以后我要比别人都聪明，让大家见了都夸我。

✓ 儿子，你是怎么想到用木棍撬起原本搬不动的木板的啊？

我是想起了爸爸开啤酒瓶盖的样子，觉得可以这样试一试。

✗ 强调孩子聪明，会让孩子认为只有天赋才值得被表扬。

✓ 培养孩子爱思考的习惯，才能让孩子拥有解决困难的能力和面对困难的信心。

鼓励的三个注意事项

以上我们总结了鼓励的两个基本公式和五个模型，除此之外，鼓励还有三个注意事项。

① 鼓励要真诚

千万不要小看你的孩子，他们有自己的分辨能力。孩子可以感觉到你的鼓励是真心的、夸张的，还是"别有用心的激将法"。所以，一定要记得真诚地鼓励你的孩子。当然，前提是你要善于发现孩子的优点。只要保持自信、放松心态，给予孩子足够的关注，客观地观察，你或许会发现：打碎的碗盘背后饱含着孩子对你的关心和爱意；面目全非的玩具背后有着孩子奇思妙想的创意；不完美的试卷背后也有孩子夜以继日的努力。

② 鼓励要及时

你一定不愿意听到工资或年终奖迟发的消息。同样，对孩子的鼓励也要及时。对孩子的好行为予以及时鼓励，可以使这一行为在孩子的思想中得到强化。

③ 鼓励要慎用物质奖励

很多父母热衷于物质奖励，因为物质奖励效果显著，用一点儿小奖励就能让孩子做他原本不乐意做的事，相比训斥和发火似乎既能让人省心又能减少冲突，但是当物质奖励使用过多后，就容易出现以下几种负面情况：

> 这种情况下或许你可以尝试这样的方法:"鼓励不过夜(周)",选择每晚睡觉前的半个小时或者周末的某个时间为陪伴孩子的固定时间。在这个时间内听孩子讲述当天(周)所经历的事情,并给予孩子正向的鼓励。
> 这样孩子就不会因为你太忙而感到失落,他会感受到你对他的关注,并期待约定时间的到来。

第一种,孩子变得贪婪和功利。

当孩子做出了一次积极行为,你奖励他一件玩具,在那之后就会有第二次、第三次……随着年龄的增长,奖励就会从玩具变成球鞋、手机、电脑……靠物质奖励激发的行为,必须靠不断升级奖励额度来维持。孩子的欲望日益膨胀,胃口越来越大,孩子也变得越来越贪婪和功利。

第二种,降低孩子的内驱力。

物质奖励作为外在驱动的奖励,会让孩子只关注于奖励,而忽略要做的事情本身。本是作为手段的奖励变成了孩子的目的,就会降低孩子的内驱力。这种外在驱动的奖励越多,孩子的内驱力就会越低。

第三种，遇到挫败时会激发负面情绪。

有时，孩子一段时间内的努力并不能达到给予物质奖励的条件，此时与物质奖励的失之交臂就会让孩子产生沮丧等负面情绪。而当类似的情形反复出现时，就会让人产生挫败感，进而产生自我怀疑，对事情产生厌恶。

对于成年人来说，工作、生活中的金钱等物质奖励或许最为实惠，对孩子则不然。慎用物质奖励，多给予孩子精神上的抚慰与陪伴，更有利于孩子的健康成长。

呜呜呜，我考砸了，不能得到限量版变形金刚了……

第4章

批评≠羞辱，
就事论事，让孩子真正改正错误

批评≠羞辱

每个孩子都有一种神奇的能力，他们总会做出一些事情让父母怒火中烧。父母回家后，看到家里的墙上布满了孩子的涂鸦；父母教了孩子很多遍数学公式，题却仍然算错；在父母忙于重要事务的时候，孩子却不停地哭闹。设想一下上面的场景，你是否已经觉得自己要"火山爆发"了？

所谓"爱之深，责之切"，父母对孩子的爱越深，对孩子的期望越高，就越不能接受孩子犯低级的错和反复犯错。当孩子犯错后，父母一定会对孩子进行管教。回想一下，在管教孩子的时候，有没有在批评的话语中使用"笨""蠢""不听话""不长记性"这样的字眼呢？也许父母会觉得，自己在批评孩子时使用了这样的字眼只是一时气愤，只是恨铁不成钢；觉得只有足够严厉才能给孩子留下深刻印象，从而加以改正。殊不知，这样的行为已经脱离了批评孩子的范畴。

父母这种不从客观角度指出问题、不提供解决问题的方法，只是在用贴标签式的语言，甚至是不堪入耳的辱骂，对孩子发泄心中怒火，而这种行为不是对孩子批评教育，只是单纯对孩子进行羞辱。而羞辱，只会对亲子关系造成伤害，永远不会让孩子真正进步。

羞辱对亲子关系的危害

在家庭教育中，父母对孩子的语言羞辱不仅不会起到激励孩子的正面作用，反而会摧毁孩子的自信心、自尊心、自我效能感、成就动机等。可以说，语言羞辱是亲子间正向沟通的大忌。

具体来说，羞辱会造成以下几种伤害：

① 破坏亲子关系，让孩子无法很好地感受到父母的爱，甚至使孩子最终与父母走向对立

每个孩子都渴望被别人重视和尊重，羞辱只会让孩子感受到被他人所轻视。那么父母的羞辱，换来的自然不是孩子的感激或认可，只会让孩子觉得父母不爱自己，进而对父母产生敌意。

② 激发孩子的逆反心理，引发孩子与父母对抗

面对父母的羞辱，孩子产生的其中一个反应，不是认同父母的言行，而是与之对抗。孩子也会维护自尊，保持自信。当自尊与自信受到外界否定时，孩子为了维护自尊与保持自信，无论自己是不是真的不对，他首先做出的反应就是通过反驳对方来证明自己。这是人面对批评否定时的本能反应。每个人本能上都认为自己做出的决定是正确的。而父母言语上的羞辱与孩子的错误本身缺乏逻辑关系，既不能让孩子认识到自己的错误，也不能树立父母的威信，孩子也无法从父母的批评中得到建设性的意见，这就进一步让孩子相信自己并没有错，父母的批评只是在"找碴儿"，从而产生逆反心理，拒绝改正错误，甚至拒绝来自父母的所有教育，故意与父母作对。

③ 会让孩子认为自己无能，扼杀孩子的成长内驱力

长期面对父母羞辱的语言和表情，会让原本活泼的孩子变得沉默寡言，原本内向的孩子变得麻木迟钝。当孩子屈从于父母的威严

后，就会变得胆小怕事，唯唯诺诺，做事情畏首畏尾，生怕结果让父母不满意。当无论怎么努力都不能让父母满意时，孩子就会怀疑自己的能力，觉得自己无能，从而失去自信，变得自卑。严重的甚至会产生习得性无助，变得抑郁。

> 当父母在批评孩子时，情绪上的发泄和言语上的羞辱对孩子的教育和成长只会起到负面作用。那么父母又该如何正确批评孩子呢？在讨论这个问题之前，我们还要先厘清孩子都是因何而犯错的。

孩子为什么会犯错

① 孩子不知道对错

这种情况其实孩子并不是有意犯错,而是因缺乏认知产生了这样的行为。越是小的孩子,越容易犯这种错误,比如说孩子第一次跟别的小朋友接触,看到自己喜欢的玩具就去抢、去打别的小朋友,这就是因为孩子尚未认识到这些行为的不良之处,以及还没有学会控制自己的行为和情绪。

② 孩子知道对错,但没有养成正确的习惯

这种情况通常是孩子知道某些行为是错误的,但是没有养成正确的行为习惯,因而下意识地重复了错误的行为。比如孩子明明知道过马路时应该左右看一看,可还没有养成习惯,所以虽然理智上知道过马路时应该停下左右观看一下,可一旦当他的注意力集中于其他事物时,就很可能意识不到这个问题,误闯了红灯。

③ 孩子因为能力不足而犯错

这种情况是孩子做了一些超出自己客观能力的事，或因为知识技能不足而导致的犯错。比如说，在刚开始学习时经常写错字、数错数，大多数情况是因为孩子神经、肌肉上的发育不够成熟，导致观察和协调性不足，反复犯错。

④ 环境因素导致孩子犯错

这种情况不是孩子想犯错，而是环境导致孩子犯错。人的行为本能就是适应环境，在不良的环境下，孩子自然会产生不良的适应行为。比如父母经常玩手机，在这样的环境下，孩子也就变得像父母一样爱玩手机，并且意识不到这是一种不良的行为习惯。

以上是孩子为什么会犯错的几大原因。人非圣贤，孰能无过，换个角度来说，孩子本来就是在不断犯错中成长的。当能够准确找出孩子犯错的原因时，我们就可以在批评孩子时保持稳定的情绪，通过准确客观的语言让孩子明白自己错在何处，并引导孩子认识到错误，从而改进自身的行为，获得真正的进步。

✓ 批评+客观的对话方式

批评+客观

基本原则：对孩子进行批评教育前，要了解孩子犯错的前因后果，针对孩子的具体错误，就事论事地进行批评和引导。由此推导出三个沟通模型，接下来结合实例说一说。

$$\text{批评}+\text{客观}\begin{cases}\text{批评}+\text{客观}+\text{问询}\\\text{批评}+\text{客观}+\text{精准}\\\text{批评}+\text{客观}+\text{场合}\end{cases}$$

✓ 批评 + 客观 + 问询

客厅里到处都是水

　　汽水的妈妈下班回到家，打开门发现客厅里到处都是水，汽水也浑身湿漉漉地站在那里。

✗ 你怎么越来越淘气了！在客厅里玩水，你是要把全家都淹了吗？

我没有玩水！我只是想帮爸爸妈妈做家务！

✓ 客厅里怎么到处都是水啊？可以告诉妈妈发生什么了吗？

我看爸爸妈妈下班回家还要做家务，实在是太辛苦了，我想帮爸爸妈妈拖拖地，可是水桶太重了，我一不小心就摔倒了。

✗ 不弄清事情的前因后果就对孩子妄加批评，很容易让孩子不服气且感觉到委屈。

✓ 先搞清楚事情的前因后果，再对孩子就事论事地引导教育，表扬值得肯定的部分，指出不足之处，这样才能更好地帮助孩子进步。

✓ 批评 + 客观 + 精准

吃饭弄脏了衣服

果冻在和爸爸妈妈吃午饭时，因为太着急，一不小心把菜盘弄撒了，衣服也被弄脏了。

✗ 你一个女孩子，怎么天天迷迷糊糊的！过年的时候你弄丢了钥匙，上个月出去玩又丢了发卡……现在吃个饭还能弄到身上！跟你说过多少遍了，做事情的时候用点儿心！

每次都要说这么多，烦死了！还有完没完啊！

✓ 三心二意是不是很容易出问题？吃饭也要专心致志哦。

我知道了，谢谢爸爸！

✗ 唠叨与翻旧账都只是单方面输出自己的情绪和看法，并不是好的沟通模式，反而会容易引起孩子的逆反心理。

✓ 准确指出孩子的问题所在，就事论事，才能更好地引导孩子解决问题。

批评 ≠ 羞辱，就事论事，让孩子真正改正错误 | 51

✓ 批评 + 客观 + 场合

在考试成绩上撒了谎

汽水的妈妈今天应约来到学校，和汽水的班主任谈孩子的学习情况，结果发现汽水在上周的期中考试成绩上向父母撒了谎。

✗ 好哇！你现在真是厉害了啊！你不是说上周期中考试每科都是优秀吗？怎么最高的一门才及格？！我们辛辛苦苦地养你，就养出你这么一个欺骗父母的白眼狼？

妈妈，您就不能回家再说吗？被这么多同学盯着好难为情。

✓ 现在我们到家了，妈妈想和你单独聊一聊。老师已经把你期中考试的真实成绩告诉妈妈了，虽然成绩不理想，但是对爸爸妈妈撒谎是更不对的，妈妈要对你撒谎的行为提出批评。

妈妈，我只是不知道该怎么面对你们。现在我知道了，不管怎么样都不能对家人撒谎。妈妈，我知道错了。

✗ 孩子也有很强烈的自尊心，教育孩子也要分场合、分情况，完全不考虑孩子的感受，在公共场合批评孩子，会伤害孩子的自尊心。

✓ 批评最好在只有两个人的时候进行，神情可以严肃，但语气要保持平和，这样才能既让孩子认识到错误的严重性，又不至于让孩子产生害怕情绪导致其不敢面对自己的错误。

✓ 批评+引导的对话方式

批评+引导

基本原则：批评要通过引导来进行，让孩子明白自己的行为为何是错误的，错误行为又会产生什么样的不良后果，以及如何做才能避免再次犯错。由此推导出三个沟通模型，接下来结合实例说一说。

$$批评+引导\begin{cases}批评+引导+共情\\批评+引导+方法\\批评+引导+弥补\end{cases}$$

✓ 批评 + 引导 + 共情

孩子要带走别人家的玩具

果冻和妈妈今天到表妹家做客,果冻对表妹的一个娃娃爱不释手,在离开的时候要把娃娃也带走。

✗ 你怎么这么不懂事!要是再这样,妈妈以后不带你去别人家玩了!

✓ 妈妈知道你喜欢这个娃娃,可是这个娃娃是妹妹的。如果你拿走了,妹妹会非常难过的。就像如果有别的小朋友拿走你心爱的玩具,你也会很难过一样。

妈妈,我明白了。我这就把娃娃还给妹妹。

不嘛,我就是喜欢这个娃娃嘛!

✗ 强迫只会强化孩子对自我诉求的坚持。

✓ 父母通过对孩子表示共情,让孩子知道父母能理解他的感受,从而引导他学会共情。学会设身处地为他人着想,有助于孩子处理好人际关系。

✓ 批评 + 引导 + 方法

怎么也背不会的课文

　　今天汽水的作业有一项是背会一篇课文，可是他反复读了好久都背不下来。

✗ 你怎么这么笨！读了这么多遍，我都快听会了，你怎么还不会背！

我已经很努力在背了啊，可能我就是笨吧。

这个方法真好！我已经会背了，谢谢爸爸！

✓ 你可以试试这个方法，首先你要理解课文的意思，然后再把这篇课文想象成很多幅画，每一幅画都对应一段课文，这样你只要记住这些画的顺序和每幅画对应的那一小段内容，就可以把整篇文章背下来啦。

✗ 羞辱性的语言只会打击孩子的自信心，无助于解决问题。

✓ 引导孩子发现适合自己的解决问题的方法，就是在培养孩子发现错误、改正错误的能力。

批评≠羞辱，就事论事，让孩子真正改正错误 | 55

✓ 批评 + 引导 + 弥补

不小心弄坏了妈妈的珍贵物品

果冻在翻找东西的时候，无意中打碎了妈妈最珍爱的花瓶。爸爸告诉果冻，这是妈妈的爷爷送给妈妈的生日礼物。

✗ 你这孩子怎么这么不小心，这可是你妈妈的爷爷留给她的唯一一件东西了，你妈妈回来之后一定会很伤心的。

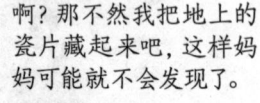

啊？那不然我把地上的瓷片藏起来吧，这样妈妈可能就不会发现了。

✓ 虽然这个花瓶已经不可能修复了，但我们可以去买一个相似的花瓶作为赔礼送给妈妈。如果你能主动把这件事的前因后果诚实地告诉妈妈，并诚恳地道歉，我相信妈妈不会生气的。

我会向妈妈赔礼道歉的。

✗ 当孩子发现自己的所作所为给他人造成了严重的损失时，会下意识地想要逃避，单纯渲染给他人造成的损失会强化孩子选择逃避的念头。如果孩子以逃避的方式来面对错误，不仅在当下会引发一系列的后果，长此以往还会使孩子产生习惯性逃避，缺乏面对挫折和困难的勇气与能力。

✓ 人们逃避、掩盖错误，通常是认为错误无法挽回。引导孩子学会弥补自己犯下的错，才能让孩子有能力、有信心面对自己的错误，从而告别逃避、掩盖错误的行为。

第 5 章

规则 ≠ 控制，
平等对待共同成长

你是否在无形中控制孩子

大多数父母都能够认识到，在家庭生活中应该建立家的规则。正所谓"没有规矩，不成方圆"，对孩子溺爱和放纵会让孩子变得任性、自私自利、缺乏同理心、不懂得尊重他人的感受。可是，当父母对孩子发号施令，对他们说**"你必须去做这件事""你不可以做这件事"**的时候，有没有问过自己：规则的具体意义是什么？为什么要给孩子建立这些规则？给孩子建立的规则又是否正确呢？

规则在我们的社会中无处不在，大到国家的法律法规、各行各业的行业规范，小到公司企业的规章制度。这些适用于不同范围、内容也不尽相同的规则都有一个共同的特点：它可以让我们的社会更加有序和高效地运转，同时可以保护在规则中运行个体的权益，并让个体可以通过遵守和使用规则而从中受益。

同样，家庭生活中的规则也遵循这个特点。科学有效的家庭规则可以让孩子明白哪些行为是好的、是可以做的，而哪些行为是不好的、是不可以做的。尽早帮助孩子树立规则意识，并制定适当的家庭规则，可以帮助孩子在将来更好地适应、遵循学校与社会的规则，这对于培养孩子的社会性行为能力是十分重要的。然而，不是所有来自父母的要求都是有益于孩子成长的，因为有些要求其实是父母无形中对孩子的过度控制，这种控制并不能算是家庭规则，而这样的父母也被称为控制型父母。

控制型父母的特点和危害

控制型父母一般有以下几个特点：

① **控制型父母过于注重自己的感受，漠视孩子的需求和意愿**

同大多数父母一样，控制型父母也希望自己成为优秀的父母。但"成为好父母"的自我要求不仅使他们具有强烈的责任心，同时也给他们带来了焦虑感，甚至是恐惧。有的父母会认为孩子未来是否成功是评判自己是不是好父母的重要标准，甚至是唯一标准。在传统的望子成龙、望女成凤的观念驱使下，他们会对孩子提出许多严苛的要求，甚至会以爱为名，简单粗暴地对孩子的各种行为加以控制。一旦孩子表达了与父母不一致的需求和意愿，控制型父母就会采取各种措施来实施控制，胁迫或诱使孩子放弃自己的意愿，服从父母的指挥。

② **控制型父母缺乏自我与安全感**

绝大多数的人在成长过程中，都没有获得足够的安全感，控制型父母也不例外。他们只有通过对亲密人际关系中的他人实施控制，才能缓解内心的恐惧。而在这些关系中，最容易实施控制的就是自己的孩子。同时因为缺乏自我，控制型父母会攫取孩子的自我空间来补偿自身的心理缺失。

③ **控制型父母缺乏自信，不愿与孩子交流**

控制，是控制型父母对世界和未来极端不信任，对自己和孩子极端缺乏信心的表现。本质上，控制型父母不是为了教育孩子，而是通过控制孩子来获得存在感和价值感。同样，因为缺乏自信，在控制型父母看来，为孩子解释自己为什么提出这样的要求，不利于他们在孩子面前保持绝对权威的形象。他们只需要孩子执行，而不需要和孩子沟通，显然这是令孩子窒息的相处模式。

④ 控制型父母喜欢对孩子发号施令，但又时而自相矛盾

控制型父母在行为上的一大特点就是，在和孩子沟通时喜欢用简单直接的命令型语句，他们简单粗暴地希望孩子能像机器一样丝毫不差地执行自己的指令。在某种程度上，这也是极端自负的表现。而与此同时，控制型父母面对同一件事时可能会对孩子和自己有不同的要求，在不同时间也可能会对孩子有完全相悖的要求，这样时而自相矛盾的指令和规则，常常令孩子感到混乱和无所适从。

以上是控制型父母的几个典型特点，控制型父母也会给孩子带来许多危害：

一是使孩子缺乏主见，自控自理能力差。

控制型父母习惯漠视孩子的感情需求，这会导致孩子压抑自己的真实感受，丧失自行确立目标的能力。父母对孩子长期的控制型教养方式，会让孩子形成服从的思维习惯，对父母有依赖性，做事缺乏主见。当孩子面临选择的时候，他们的第一反应会是"我爸妈会让我怎么选"，而不是"我自己想要什么"，他们对于重大抉择难以自行决断，也认为自己没有能力为自己的选择负责。

二是使孩子对周遭充满敌意，对自我和外界具有攻击性。

在控制型父母管教下的孩子，一般会呈现出两种不同的特质：一种是乖巧懂事，事事顺从，不敢违抗父母的意愿；另一种是逆反抵抗，攻击性强，任性妄为。以上两种类型的孩子，其内心对外界常常抱有消极负面的态度。第一种孩子往往压抑自己内心的真实想法，为了满足父母的期望而压制自己内心需求的孩子，难以感受到真正的快乐，久而久之这个大家眼里乖巧、没有缺点的孩子反而比让父母"不省心"的孩子更容易产生心理疾病，一些在父母高要求和高强制环境中成长的孩子，甚至最终会选择逃离现实从而走向自我毁灭。第二种孩子因为自己的内心需求被控制型父母一次次地压制，就会对社会关系产生厌恶和敌意，他们通过选择对抗的方式来

保护自己的内心需求，形成攻击型人格。这种通过释放恶意来达到自己目的的行为习惯一旦在幼年形成，就很容易使之在成年后对社会造成极大的危害。

三是使孩子敏感疏离，安全感缺失。

控制型父母经常对孩子提出符合自己心理预期但不符合孩子客观情况和自身需求的目标要求。当孩子不能完成目标时，强势的父母往往会采取一些惩罚措施。长期在这种压抑环境中成长的孩子，会经常感受到恐惧，造成安全感缺失，形成敏感、多疑、疏离的性格特点，对人际关系的信任感低，这也不利于他在成年后建立良好的社会关系。

四是使孩子自我否定，失去个性。

对孩子的控制强化了父母的要求，控制型父母往往习惯对孩子的想法做出否定的判断。当孩子没有遵循自己的意愿行事时，控制型父母会对孩子进行斥责和贬低，让孩子陷入自我怀疑中，渐渐失去自信心。如果再加上一些不恰当的以孝顺为名的道德绑架，强行灌输给孩子"如果你不顺从父母，如果你不听父母的话，就是不孝"的理念，这会让孩子陷入深深的自责之中，背负过多的心理负担，活在过度的自我批判中。往往这类孩子的自我概念比较模糊，不清楚自己的内在需求，甚至认为自己不应该、不配拥有心理需求，他们会慢慢迷失自我，失去个性，感受不到自我满足的快乐，对生活态度消极。

✓ 规则 + 参与的对话方式

规则 + 参与

基本原则：在制定和执行家庭规则时，尽可能让家庭的所有成员参与，尤其是要让孩子参与家庭规则的制定与执行的整个过程中来。由此推导出三个沟通模型，接下来结合实例说一说。

$$规则 + 参与\begin{cases} 规则 + 参与 + 制定 \\ 规则 + 参与 + 监督 \\ 规则 + 参与 + 更新 \end{cases}$$

✓ 规则 + 参与 + 制定

午睡的父母被打扰

汽水的父母每天中午都有午睡的习惯,但是最近汽水喜欢在中午看电视,看电视时发出的声音打扰到了父母午睡。

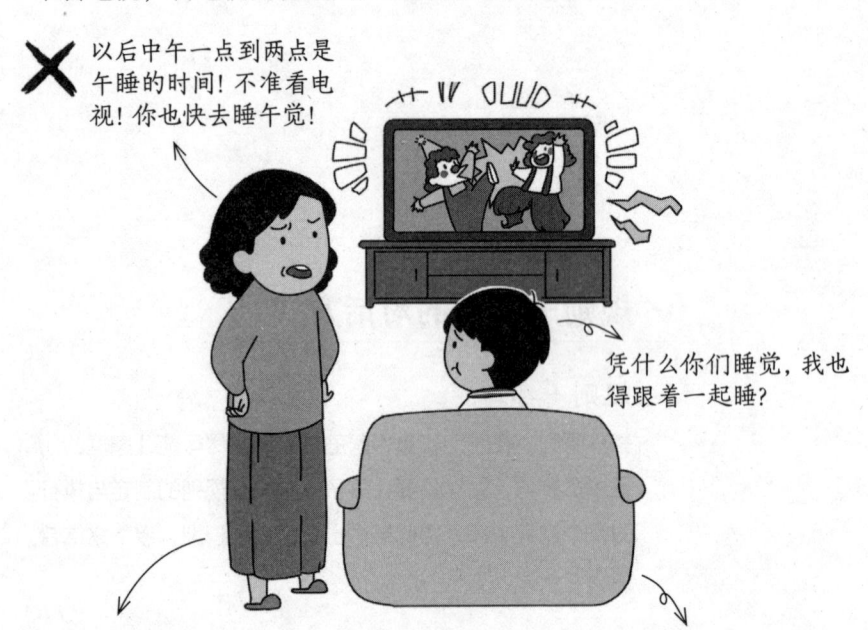

✗ 以后中午一点到两点是午睡的时间!不准看电视!你也快去睡午觉!

凭什么你们睡觉,我也得跟着一起睡?

✓ 我们一起来制定一个规则吧?妈妈想把中午一点到两点定为家庭成员的午睡时间,这段时间需要家里保持安静。妈妈希望你把看电视的时间调整一下,你觉得可以吗?你还有什么想法吗?

我觉得没有问题,我可以在中午看书,晚饭后再看电视。

✗ 强迫和命令容易让孩子内心产生不愿服从的对抗心理。

✓ 为孩子制定的规则,主角就是孩子,不要低估一个孩子的自我意识和自制能力。在家庭规则中更需要尊重孩子的意愿,让孩子参与规则的制定,让孩子感受到充分被尊重和被信任,反而可以更好地让孩子遵守家庭规则。

✓ 规则 + 参与 + 监督

违反规定的爸爸

果冻一家约定每天玩手机的时间不能超过两个小时,但今天晚上爸爸从六点到十点一直在玩手机,果冻说爸爸违反了家庭规定。

✗ 你个小孩子还管起大人来了?爸爸上班累了一天,还不能看会儿手机放松一下?

难道大人就可以不遵守规定吗?

✓ 爸爸确实违反了规定,爸爸要反省。今天晚上手机就让你保管,如果爸爸以后再违反规定,你还要像现在这样及时提醒爸爸哦。

爸爸,我们互相监督哦。

✗ 父母违反规则并且拒绝孩子的监督,只会破坏规则在孩子心中的权威性,规则对孩子来说就会变成一纸空文。

✓ 父母以身作则,让孩子参与监督,孩子就会对规则充满敬畏,并积极遵守。

✓ 规则 + 参与 + 更新

想要晚回家的孩子

汽水和父母之前约定每天晚上七点到家,但是汽水这学期加入了校篮球队,队员们计划每天晚上放学后要一起训练,于是汽水想和父母重新约定晚上回家的时间。

✗ 你现在要以学习为重,打篮球有什么用?你还是不要参加篮球队了,每天还按原来的时间回家!

我就不能利用课余时间发展自己的爱好吗?

✓ 妈妈支持你,运动可以强身健体,希望你能安排好学习和运动的时间,回家晚了路上要多注意安全。

放心吧妈妈,我不会耽误学习的,我也会注意安全的!

✗ 随着孩子的成长,其需求也会产生变化,制定的规则也要根据情况适时更新。

✓ 对不同年龄和能力的孩子应该制定不同的规则,同时,更新规则应该像制定规则一样让孩子参与其中,充分体现对孩子的尊重和信任。

66 | 刻意练习父母与孩子的有效对话

✓ 规则+实施的对话方式

规则+实施

基本原则：在实施规则的过程中，要明确告知孩子这么做的目的是什么，家庭成员间对规则的态度应该保持一致，并且要严格执行，坚决遵守。由此推导出三个沟通模型，接下来结合实例说一说。

$$\text{规则+实施}\begin{cases}\text{规则+实施+明确}\\\text{规则+实施+一致}\\\text{规则+实施+坚持}\end{cases}$$

✓ 规则 + 实施 + 明确

第一次打扫厨房

果冻和家人约定每天饭后由果冻打扫厨房，今天是他们第一次实施这个约定。虽然果冻非常积极地洗干净了锅碗瓢盆，但她只把它们洗干净后放在了厨房的操作台上，还有一些事没有做。

✗ 不是说好了饭后由你来打扫厨房吗？你怎么没收拾完就走了？这也太不负责任了！

我不是已经把厨房里的锅碗瓢盆都洗干净了吗？为什么还这么说我？

✓ 打扫厨房不是只需要把锅碗瓢盆洗干净就可以了，还要清洁水池、灶台及地面，最后还应该把这些洗干净的厨具都分门别类地放到固定的位置。妈妈现在给你演示一遍。

原来打扫厨房还包括这些事情，这样我就明白该怎么做了。

✗ 父母在参与制定规则时往往只告诉孩子期望其达成的目标，而忽略了引导孩子如何具体操作，也没有明确告知孩子具体的目标和任务，从而导致孩子一开始便不得要领、盲目行动，结果达不到父母的预期。

✓ 父母应准确地向孩子告知目标任务，传授孩子具体的方法。

✓ 规则 + 实施 + 一致

溺爱晚辈的奶奶

奶奶来看孙子孙女们,并带来了好多冰激凌,奶奶让孩子们怎么开心就怎么吃,但是爸爸妈妈已经和孩子们约定好,每人每天最多只能吃一个冰激凌。

✗ 算了,你奶奶好不容易来一趟,今天就破例让你随便吃吧。

原来爸爸妈妈的规定只要奶奶来了就可以不遵守,那以后我想吃很多冰激凌和零食的时候就找奶奶。

✓ 妈,您可能不知道,我们和孩子之前有过约定,每人每天最多只可以吃一个冰激凌,您也来帮我们一起监督孩子吧。

奶奶会监督我,我会遵守和爸爸妈妈的约定!

✗ 当家庭成员之间在执行一个规定的意见不一致时,规则对孩子来说也就失去了约束力。

✓ 诚然,想在家庭内部保持一致的行动不是一件容易的事。但想要行之有效地实施规则,每一个家庭成员就必须达成一致意见。

规则≠控制,平等对待共同成长

✓ 规则 + 实施 + 坚持

为了买玩具而耍赖的孩子

今天果冻和妈妈一起逛商场,果冻在商场里看到一个心仪的娃娃。妈妈提醒她,之前家人一起约定好,每周只能买两个新玩具,这周已经买了两个了,要想买这个娃娃只能等到下周,果冻听了躺在地上哇哇大哭。

✗ 好啦好啦,给你买!给你买!别躺在地上哭了,丢不丢人!

看来只要哭闹就可以多买玩具了!

✓ 妈妈也想给你买这个玩具,可这个规则是我们一起制定的,现在我们就应该一起遵守。妈妈可以理解你的难过,你可以来妈妈怀里哭一会儿。

看来哭闹也没有用,我还是好好遵守规定吧。

✗ 家长不能严格执行规定,规定最终也会失效。

✓ 在规则实施的初期,孩子会经常测试规则的边界和尝试突破大人的限制。这时就需要父母保持足够的定力和耐心,用始终如一的态度帮助孩子对规则的重要性得出清晰的认知。

第 6 章

不做包办型父母，
明确界限才能让孩子主动担当

什么是父母对孩子的包办行为

在孩子的成长之路上，你有没有包办过孩子的事务呢？我相信，面对这样一个问题，有些父母会说"没有"。那么你有没有经常帮孩子整理房间？你有没有在孩子上中学后还经常给孩子洗衣物？你有没有帮孩子制订好所有的旅行计划？或许你会觉得，孩子在上学期间还是应该以学习为重，在求学阶段，父母给孩子安排好、解决好学习以外的事务，可以让孩子集中精力学习，不被闲杂事情分散精力。那么，我还想问问各位家长，孩子读的课外书都是孩子自己选择的吗？孩子参加的兴趣班都是孩子主动要求报名的吗？孩子在文理分科时做出的选择完全是出于自己的意愿吗？

① 包办型父母把自己和孩子看成一个整体

包办型父母总是喜欢把孩子的事务视为自己的事务，在包办型父母的潜意识中，父母和孩子是一个被称作"我们"的整体。这样的父母会把本应属于孩子的责任当作自己的责任，把孩子的情绪当

> 如果这些情况在你的身上确有发生，那么你就要思考，在孩子的成长过程中，你是否包办了太多孩子的事务。若你身上具有这样一个或几个特点，就要谨防自己成为"包办型父母"。

作自己的情绪。这也就解释了，为什么包办型父母通常在孩子的事务上比孩子投入的还要多，情绪波动也比孩子更大的原因。

② 包办型父母害怕孩子受苦、受累、犯错

很多父母出于对子女过度的保护而形成心理焦虑，最终让自己成了包办型父母。随着社会的发展，小家庭的生活模式也使得孩子理所当然地获得了家庭成员的极度关注和加倍呵护。所有的父母都本能地希望孩子能比自己过得更好、更快乐，从心理学上讲，父母养育孩子的过程也是在补偿自己的缺失的过程，父母在个人成长过程中遭受过痛苦，补偿心理会让他们加倍补偿孩子，加倍保护孩子，因为他们不想让孩子再去经历自己曾经遭受过的痛苦。由于一些父母在内心深处会放大对社会环境的不安和不信任，他们就会把对孩子的包办视为对孩子的一种"保护"。

③ 包办型父母在语言上多对孩子使用重复性语句

爱唠叨，是包办型父母在语言上的普遍特点。出于对孩子的过度关心和过度保护，包办型父母在孩子生活中的大小事务上都反复叮咛嘱咐，这些嘱咐其实大多是东拉西扯，缺乏逻辑，经常重复。孩子听了会产生厌烦情绪。

④ 包办型父母在行为上乐于做孩子的代理人

出于不愿见到孩子受苦、受累、犯错的心理，包办型父母在孩子遇到困难或与他人产生矛盾时，不是让孩子独立解决问题，也不是给孩子提供合理的建议和有效的方法，而是直接代替孩子把问题解决。父母的这种强势干预，让孩子丧失了独自面对和选择的权利，更让孩子错失了独自解决问题的成长机会。

建立边界感是培养孩子责任心的基础

父母对孩子大小事务的包办,是孩子没有责任心的主要诱因。没有责任心的孩子,通常会表现得自私、懒惰、霸道、不讲信用、没有毅力。这些都会导致孩子缺乏自理能力和社会生存能力,难以被他人和社会所接纳,在成年后也无法独自面对生活和工作中的各项挑战。

可见,培养孩子的责任心,十分有助于孩子的能力得到充分的发展,拥有健全的人格,在未来能够担负起自己的人生,成为对家庭和社会有用的人。而培养孩子的责任心,最重要的就是要建立父母与孩子之间的边界感。通常经过以下几个步骤:

① 区分事务的归属

边界感,是人与人之间内心的自我界限。建立边界感的首要工作,就是强化自我意识,思考双方的底线,明确生活中各项事务的归属。父母的事情和情绪由父母做主,孩子的事情和情绪由孩子自己做主。在进行事务归属的区分当中,父母应该时常思考这几点:这件事的主角是谁;这件事我是否必须参与;如果这件事需要我参与,我应该以什么角色参与等。

② 尊重孩子的边界

我们要明白,孩子是一个独立的个体。首先,在生活中,父母不宜过多干涉孩子的决定,应让孩子拥有自主选择权;如果孩子遇到需要父母帮助解决的难题,家长可以和孩子探讨各种解决的方法,但最终要让孩子自己选择,独自解决问题。其次,让孩子拥有自己物品的所有权,孩子的物品家长不去私自处置,孩子的独立房间等私密空间,未经孩子允许,家长不要擅自进入。最后,父母应该允许孩子在成长中犯错,当孩子犯错时,家长也不要越俎代庖。

③ 向孩子明确父母的边界

父母不仅要尊重孩子的边界，同时也要守好自己的边界。首先，父母要告知孩子，做哪些事情、使用哪些物品要经过父母的同意，未经父母允许，孩子擅自去做就会侵犯父母的边界。其次，父母要对孩子的越界行为说"不"，在孩子对自己和父母间的边界有明确的概念前，孩子做出一些越界的行为是很常见的。这时父母要明确地对孩子说"不"，以此让孩子明白自己的行为侵犯了父母的边界，让孩子学会自我控制。最后，要时刻坚持。即便孩子撒娇、耍赖，也要明确地告知孩子不可以有越界行为，父母也不会妥协。只有父母示范如何坚守自己的边界，孩子才能学会守住自己的边界。

✓ 责任+划分的对话方式

责任+划分

基本原则：清晰地划分出属于父母与孩子的权利和具体事务，这是培养孩子责任感的基础。由此推导出三个沟通模型，接下来结合实例来说一说。

$$责任+划分\begin{cases}责任+划分+清晰\\责任+划分+权利\\责任+划分+事务\end{cases}$$

✓ 责任 + 划分 + 清晰

孩子心血来潮想要养宠物

今天汽水和妈妈路过了一家宠物店,宠物店里可爱的小猫让汽水目不转睛,于是他央求妈妈给自己买一只。

✗ 好,好,好,真拿你没办法,我给你买就是了。给你买了小猫,到最后肯定还得是我天天累死累活地去收拾。

小动物很可爱,我就想和它一起玩!

我会学习如何照顾小动物,和它一起成长!

✓ 妈妈可以给你买,但是小猫咪是买给你的宠物,把它带回家就意味着你要对它的生命负责,以后每天给它喂食、喂水和清理猫砂就都是你的任务喽。

✗ 很多父母在养育孩子时会有深深的疲惫感,这时不妨想一想,自己是否把很多本该是孩子承担的责任担在了自己肩上?父母承担了太多不属于自己的责任,既会容易让孩子没有责任心,也会让自己在负重前行中积累大量的负面情绪。

✓ 提前和孩子明确并划分好哪些是父母的责任、哪些是孩子的责任,既能更好地培养孩子的责任感,又能为父母减少不必要的负担。

✓ 责任 + 划分 + 权利

别人想玩孩子的玩具

表弟看到果冻正在玩一个新奇有趣的玩具,他也很喜欢。于是表弟向果冻的妈妈表示,他想把这个玩具要来玩。

✗ 果冻,你是姐姐,姐姐就应该让着弟弟,先让弟弟玩一会儿。

可是我玩得正开心呢,凭什么我现在要让给他?

✓ 这个玩具是果冻姐姐的,你想玩的话需要和果冻姐姐商量,得到她的同意。

弟弟,你再等我一会儿,我玩够了就让你玩哦。

✗ 父母如果总是代替孩子做出决定,在让孩子失去权利的同时也使孩子失去了责任感。

✓ 父母要懂得尊重孩子的权利。当孩子感受到他是一个被充分尊重的个体时,也会在行使权利的过程中学会承担责任。

✓ 责任 + 划分 + 事务

让妈妈帮忙洗衣服的孩子

汽水已经到了上中学的年纪,可每次都还是让妈妈帮他洗衣服。

✗ 你都这么大了,怎么还让妈妈每天帮你洗衣服。等你以后上大学了,妈妈不在你身边了可怎么办?

离我上大学还早着呢,帮我洗个衣服又不是什么难事。

✓ 洗衣服是你自己的事情,妈妈现在教你洗衣机怎么用。你已经这么大了,妈妈不会再替你洗衣服啦!

妈妈说得有道理,看来还是得学会自己洗衣服,自己动手丰衣足食嘛。

✗ 父母的包办行为会让孩子对父母产生过度依赖,不利于孩子在成年后独立生活。

✓ 尽早划分清楚父母与孩子之间的具体事务,才能锻炼孩子的独立自主能力,让孩子尽早明白自立自强才是对自己的人生负责。

✓ 责任+后果的对话方式

责任+后果

基本原则：根据不同的情况，在尊重孩子的基础上让孩子知晓承担责任所对应的后果，并在一定范围内让孩子自己选择。由此推导出三个沟通模型，接下来结合实例说一说。

$$责任+后果\begin{cases}责任+后果+旁观\\责任+后果+介入\\责任+后果+选择\end{cases}$$

✓ 责任 + 后果 + 旁观

孩子常常到学校后才发现忘带作业

早上妈妈送果冻上学,到了学校门口时,果冻突然想起来忘带数学作业了,而这样的事情已经发生过不止一次两次了。

✗ 不是和你说了很多次,出门前要检查东西有没有带齐吗?算了,我还是回去帮你取吧。帮你取一趟作业,害得我上班又要迟到了!

那还不都是因为你今天出门前没提醒我,才忘了嘛。

✓ 出门前检查好自己的东西有没有带齐,这是你应该做的事情。妈妈需要按时去上班,不能帮你回家取作业,今天你就向老师解释一下吧。

妈妈这次态度这么坚决,看来是真的要让我自己承担后果了,以后我还是自己长点儿心吧。

✗ 父母对孩子的事情大包大揽,会让孩子把本该自己承担的责任视为他人的责任。

✓ 我所说的"旁观"是指父母既不替孩子包办,也不再额外对孩子批评和指责,而是客观、自然地让孩子承担其行为的后果,通常适用于这个后果不会对孩子造成很严重的损害时。可以利用这个机会,让孩子通过承担后果来建立责任感。

✓ 责任+后果+介入

孩子在自动扶梯上奔跑玩耍

爸爸带汽水到商场玩，汽水开心地在自动扶梯上又跑又跳。这时，商场的工作人员前来制止汽水这种危险行为。

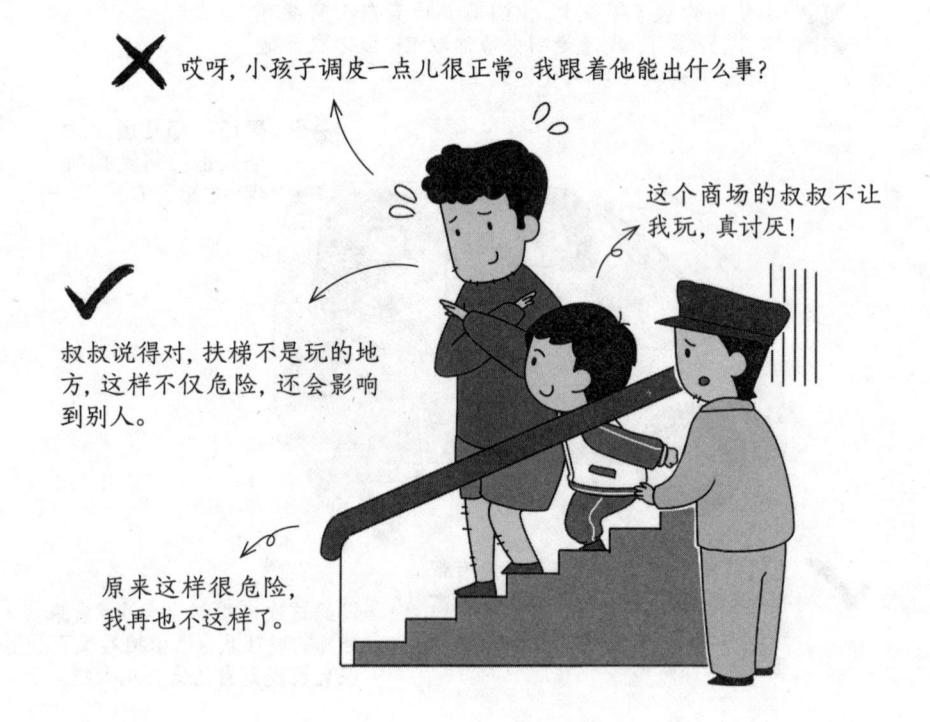

✗ 哎呀，小孩子调皮一点儿很正常。我跟着他能出什么事？

这个商场的叔叔不让我玩，真讨厌！

✓ 叔叔说得对，扶梯不是玩的地方，这样不仅危险，还会影响到别人。

原来这样很危险，我再也不这样了。

✗ 家长对孩子的危险行为采取忽视，甚至是纵容的态度，不仅不利于培养孩子的责任感，还容易让孩子发生意外。

✓ 当孩子的行为可能会引发危险时，家长应该及时告知这个行为的危险后果，并加以制止。这样不仅能让孩子及时远离危险，还能培养孩子的责任感。

✓ 责任+后果+选择

孩子临时变卦

一大早家里人就已经商量好了，午饭要吃水饺，但是中午吃饭时果冻却突然嚷嚷着要吃炒面。

✗ 早上不是说好了中午要吃水饺吗？我都已经做好了，不吃就浪费了！

不嘛，我就要吃炒面！不然中午我就不吃饭了！

✓ 是我们一起决定的中午要吃水饺，妈妈已经按约定把水饺做好了，现在是你临时变卦要吃炒面，妈妈不能满足你这个要求。你可以试着吃一下水饺，如果实在不想吃，也可以不吃。

看来我闹也没有用，也不能饿着肚子啊，还是先吃点儿水饺吧。

✗ 很多父母在嘴上批评孩子，却在行为上对孩子妥协，替孩子承担了本属于他的责任，这样不利于培养孩子的责任感。

✓ 只要条件允许，都应该给予孩子选择承担哪种后果的权利，这样既不对孩子强迫，也不替孩子包办，更有利于培养孩子的责任感。

第7章

协商构建亲子间的沟通桥梁

威胁，虽然一时管用却后患无穷

很多家长往往会因为用尽浑身解数却不能让孩子乖乖听话，而选择用威胁、恐吓的方式对待孩子。

比如当孩子不好好吃饭时，父母会威胁孩子：**"如果你再不吃，我以后就不给你做饭了。"** 当孩子在大街上哭闹时，父母会威胁孩子：**"你如果再闹，我就让警察叔叔来把你抓走。"** 当孩子不听话时，一些父母甚至会威胁孩子：**"你再不听话，爸爸妈妈就不要你了。"**

或许这些父母觉得，他们用威胁、恐吓的方式解决问题，是因为在其他方法不能奏效的情况下不得已而为之的。而且这样通常能够一招制胜，让孩子按照父母的想法做事，同时似乎又增强了父母在孩子面前的权威性，但大部分父母并没有意识到，当自己使用了威胁、恐吓性的语言后，会对孩子会造成严重的负面影响。

用威胁的方式管教孩子的危害

① 影响亲子之间的正常沟通

孩子一旦被父母威胁过，就会觉得父母只是用这样的方式来强迫自己听话或者顺从，会认为父母此举并不是源于爱。如果孩子没有在父母面前获得充分的尊重，就会从父母那里得到更多的创伤，加之父母也不会与孩子进行平等的沟通，这就会让孩子习惯隐藏自己的情绪，陷入自我封闭、不愿意与父母沟通交流的状态中。

② 造成孩子安全感缺失

幼儿时期，是孩子建立安全感的重要时期。这个时期的孩子，无论是生理上还是心理上，都特别依赖父母。当孩子感受到与父母分离的可能时，孩子会特别焦虑和害怕。如果父母用类似"我不要你了"这种方式威胁孩子，就会让孩子的内心感到恐慌和害怕，从而无法建立起足够的安全感。而安全感，是一个人一生中最重要的需求之一，所有独立自信的人格和健康的心理状态，都是从安全感当中发展出来的。

③ 让孩子变得胆小，缺乏探索欲

家长为了让孩子能表现得更好，习惯用威胁的语气和方式与孩子说话，以达到让孩子听话的目的。孩子在这种威胁环境中生活、成长，久而久之就容易变得越来越胆小。当孩子面对他人带给自己的压力，特别是面对他人威胁式语言的时候，就更容易比别人紧张、害怕和焦虑，甚至有可能产生退缩行为，即便是被别人欺负了也不敢去反抗。不仅如此，孩子在生活的方方面面都可能会有相关的表现，比如晚上不敢一个人在房间里睡觉，不敢与他人面对面地交流，不敢在公众场合讲话，害怕面对压力和挑战等。

德国心理学家海查曾经做过一个实验：他把观察的 2~5 岁的孩子分为两组，一组是具有强烈反抗倾向的孩子，一组是不具有反抗倾向的孩子，每组各有孩子 100 名。他一直对这些孩子的状况进行跟踪，直到他们的青年时期。结果发现，第一组的孩子竟然有 84% 都变得相对坚强，独立有主见，愿意承担责任；而第二组的孩子仅有 26% 的人具有这些特质。

④ 使孩子产生错误的认知与价值观

假如家长经常对孩子说："你如果再闹，我就让警察叔叔来把你抓走。""不好好读书的小孩，长大以后就只能扫厕所，去路边捡瓶子。""不好好学习，长大以后只能做清洁工。""你再不吃药，我就带你去医院，让护士给你打针。"家长说这些话的本意是希望孩子能听话，但如果家长用这种不正确的方式威胁、恐吓孩子，就很容易让孩子产生错误的认知和价值观。不管是清洁工、农民还是护士，都是高尚的职业，他们对社会的贡献是正面的、积极的，职业本身更没有高低贵贱之分。但如果父母经常以此来威胁孩子，就会让孩子产生错误的认知，从而形成错误的价值观。

⑤ 孩子也学会威胁父母

童年时期，正是孩子身体和心理发育的关键期，他们的天性就是模仿，他们会不断模仿父母的行为。奥地利著名心理学家阿德勒就曾经说过："**孩子的一言一行之所以会不断地模仿父母，就是想要通过这种方式显示出自己的存在，并试图从父母的手中得到权力。**"如果父母常常威胁孩子，那么孩子在面对问题时，也会用同样的方式去解决问题、对待父母。如果父母不对孩子的这种行为方式尽早干预，孩子成年以后就会依旧如此。试想，如果那时父母面对来自成年孩子的威胁与恐吓，内心应该是感到无力且懊悔的。

⑥ 使孩子变得叛逆

我们都知道孩子叛逆心理的典型表现："**你越是不让我做什么，我就越要做什么。**"这在心理学上被称为禁果效应。如果孩子总是被父母胁迫去做一些事，加之其在心理上并没有真正理解和接受，就会想"凭什么我要听你的，我就要做我自己想做的事"。一开始，孩子可能只是反抗父母对他的胁迫和恐吓，但如果这种相处方式没有得到有效的改善，久而久之，孩子什么事都会故意与父母作对。

⑦ 使孩子容易被他人利用

父母对孩子进行威胁，目的还是让孩子好，只是方法不得当。

但父母也都明白，自己总不能一辈子陪伴在孩子身边，孩子终有一天要成为独立的个体走入社会生活中。如果孩子在社会上碰到一些坏人，他们以胁迫的方式让孩子去做一些坏事，孩子可能会因为从小被威胁而听命于对方，干一些违背自己良心和法律的事情。一些父母总是利用孩子对自己的爱去胁迫孩子，这样的孩子在成年之后，也可能会被自己所爱的人以爱为名威胁与利用。

父母用威胁的方式教育孩子，会产生多种危害。在家庭事务中，父母以平等的态度与孩子进行商议，能使双方相互尊重，互相理解，增进亲子关系，还能发挥孩子的主观能动性，培养孩子遇事思考的能力。故而，在没有危险和不违反规则的前提下，父母都应用协商的方式与孩子一起探讨解决问题的方法。

> 这也能够说明，父母经常性地采取威胁的手段来管教孩子，虽然能够让孩子按照父母的指示去行事，但是以后孩子独自面对问题时不敢有自己的想法，会逐渐失去对生活的探索欲。

✓ 商议+倾听的对话方式

商议+倾听

基本原则：倾听孩子的感受、想法与需求，是父母与孩子进行良好且有效的商议的前提。由此推导出三个沟通模型，接下来结合实例说一说。

商议+倾听 $\begin{cases} 商议+倾听+感受 \\ 商议+倾听+想法 \\ 商议+倾听+需求 \end{cases}$

✓ 商议 + 倾听 + 感受

不想上幼儿园的孩子

上幼儿园的第一天,汽水在幼儿园的门口哭着不愿意进去。

✗ 你再闹,妈妈就不要你了!

不要丢下我,妈妈!

我只是不想和妈妈分开,见不到妈妈,我会觉得害怕。

✓ 妈妈好羡慕你可以上幼儿园,这里有好多小朋友和你一起玩,还有像妈妈一样温柔的老师呢。

✗ 威胁性的语言只会加深孩子的不安全感,不利于真正解决问题。

✓ 商议的前提是要倾听孩子的感受,只有先了解孩子对一件事物的感受,才能有针对性地与孩子进行商议,进而有效地解决问题。

✓ 商议+倾听+想法

执意要穿脏衣服去上学

果冻今天要穿一套有点儿污渍的运动服去上学,没有穿提前准备好的干净衣服。

✗ 你怎么穿了件脏衣服?一个女孩子脏兮兮的,像什么样子?你今天要是穿着它去上学,就别想回这个家!

爸爸怎么这么不讲理!

✓ 这件衣服有些脏了,为什么不穿干净的衣服?

今天体育课要练习打排球,穿了干净衣服肯定也会被弄脏,不如先穿这件,晚上回来再洗也不迟啊。

✗ 父母不分青红皂白地训斥并威胁孩子,只会让孩子感到委屈和不受尊重。

✓ 父母懂得耐心倾听孩子的想法,不先入为主、妄下结论,很多问题就可以在沟通中迎刃而解。

✓ 商议 + 倾听 + 需求

先去玩游戏而不是写作业

汽水放学回家吃完晚饭后,一头扎在电脑前玩游戏,没有第一时间去写作业。

✗ 赶快把电脑关了,先写作业去!不写完作业不准玩游戏!你再不去,我就把电脑砸了!

我又不是不写作业,你凭什么要砸电脑!

妈妈,今天游戏里有个活动,只有在晚上6点到7点才可以参加。我今天可以先把活动完成再写作业吗?我保证能够按时完成作业。

✓ 你今天怎么和平常不一样,平常你不都是写完作业才去玩游戏吗?

✗ 父母用威胁的方式管教孩子,有时只会适得其反,引发孩子与父母间的对抗。

✓ 父母不要轻易下结论,先耐心倾听,了解清楚事情的前因后果,允许和满足孩子的合理需求,通过协商与孩子一起解决问题,可以减少与孩子之间不必要的矛盾。

协商构建亲子间的沟通桥梁 | 93

✓ 商议+客观的对话方式

商议+客观

基本原则：父母在与孩子商议的过程中要时刻保持客观的态度。由此推导出三个沟通模型，接下来结合实例说一说。

$$商议+客观\begin{cases}商议+客观+反问\\商议+客观+陈述\\商议+客观+建议\end{cases}$$

✓ 商议＋客观＋反问

因为孩子晚起而导致上学迟到

早上，果冻又因为起床太晚，上学迟到了。

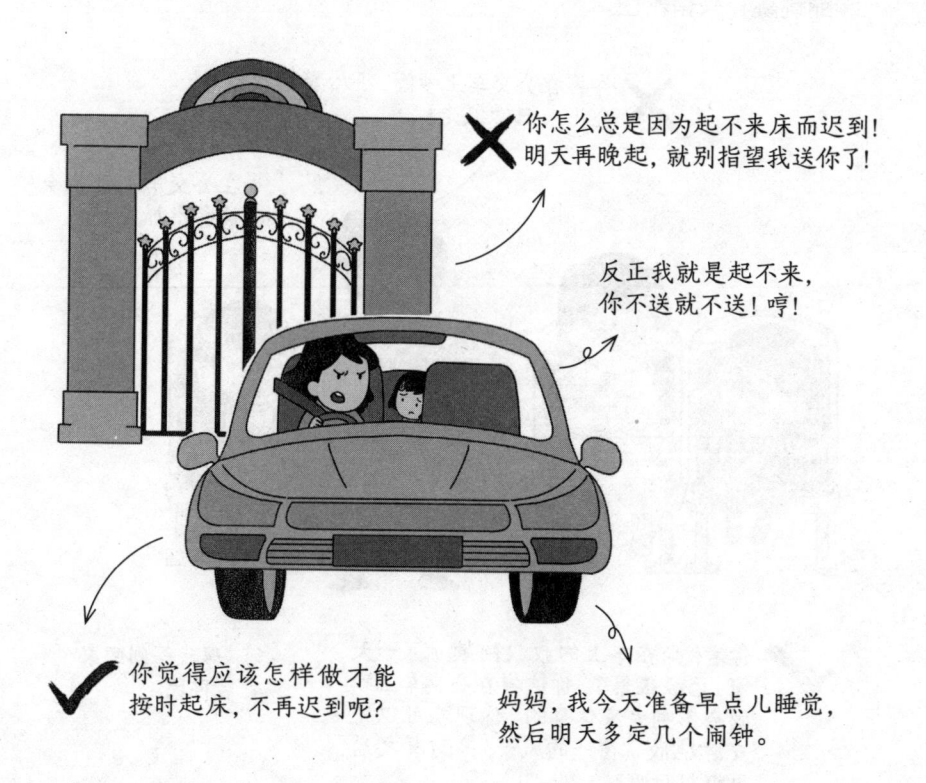

✗ 你怎么总是因为起不来床而迟到！明天再晚起，就别指望我送你了！

反正我就是起不来，你不送就不送！哼！

✓ 你觉得应该怎样做才能按时起床，不再迟到呢？

妈妈，我今天准备早点儿睡觉，然后明天多定几个闹钟。

✗ 威胁不仅不能从根本上解决问题，甚至会让孩子觉得心灰意冷从而拒绝解决问题。

✓ 在与孩子进行商议和讨论时，父母引导性地反问孩子，不仅能使孩子感受到来自父母的尊重，还可以调动孩子的积极性，让孩子主动思考并参与到解决问题的全过程中。

协商构建亲子间的沟通桥梁 | 95

✓ 商议 + 客观 + 陈述

在公交车上吵闹

　　汽水和爸爸出去玩得太开心了，就连在回家的公交车上还依然蹦蹦跳跳，兴奋不已。

✗ 你再在公交车上吵闹，小心警察叔叔等会儿来把你抓走！

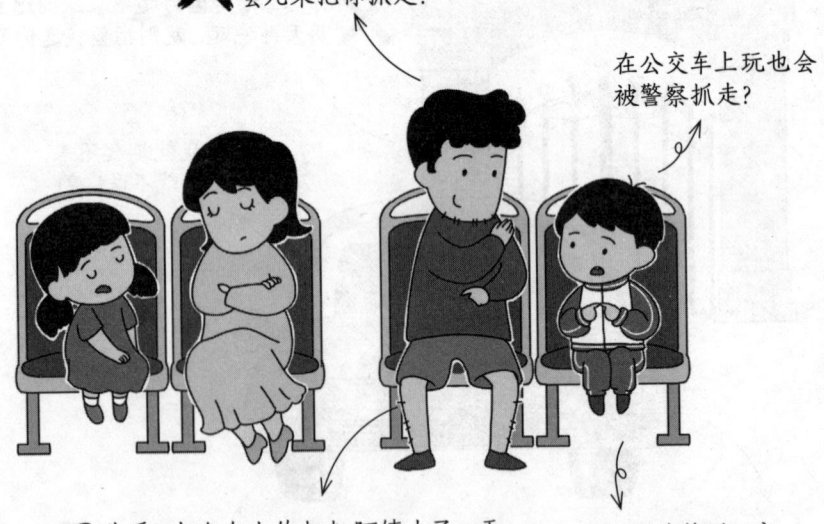

在公交车上玩也会被警察抓走？

✓ 你看，坐在车上的叔叔阿姨上了一天班，已经很累了，你这样在公交车上吵闹会影响大家休息。你现在可以先安静地欣赏窗外的风景，等到家之后再继续玩吗？

好，那我等到回家之后再玩。

✗ 用一些不符合实际的方式威胁孩子，会让孩子产生一些错误的认知，甚至会影响孩子形成正确的三观。

✓ 客观准确地陈述孩子的行为可能会造成的后果，往往可以轻松高效地通过商议解决问题。

✓ 商议 + 客观 + 建议

考试前看小说

后天就要期末考试了,但是果冻放学回家写完作业之后惬意地躺在床上看起了小说。

✗ 后天就要考试了,你还有闲心看小说!要是这次考不好,你看我怎么收拾你!

你怎么知道我考不好?我喜欢看,我偏要看。

✓ 学习之余看小说放松一下挺好的。如果你能再复习一下错题本,说不定对这次考试更有把握。

谢谢妈妈理解,我把这章看完就开始复习。

✗ 父母的威胁会让孩子产生强烈的逆反心理,对于解决问题毫无帮助,还会让双方积累更多的负面情绪。

✓ 对孩子表示共情,以商议的方式给予孩子客观的建议,孩子会更愿意接受。

协商构建亲子间的沟通桥梁 | 97

第8章

拒绝≠训斥，
避免陷入权力之争

拒绝孩子也是一门学问

卢梭有一句名言:"你知道用什么方法一定可以使你的孩子成为不幸的人吗?这个方法就是对他百依百顺。"

拒绝孩子的一些要求,会让一部分父母产生内疚心理,尤其是自我价值感较低的父母。但是,对孩子无原则地言听计从,显然不是在爱孩子。在家庭教育中,父母要有一根衡量的标尺,当孩子提出不合理的要求时,学会对他们说"不"。

我想大部分父母都有过这样的经历,一旦向孩子说了"不",孩子就开始哭闹耍赖,或是根本没听进去。这样的情况一而再,再而三地重演着,这让父母在教育孩子的过程中积累了大量的负面情绪,最后常常因为负面情绪难以排解而情绪失控,大声训斥责骂孩子。这样的错误行为让情绪失控的父母偏离了教育孩子的初衷,使得亲子关系在无意识中走向了父母和孩子之间的权力之争。训斥责骂,会给孩子的身心带来巨大的伤害。父母与孩子之间的权力之争,从长远看,父母与孩子都是失败者。

因此,如何在不伤害孩子的前提下,合理有效地拒绝孩子的一些不良行为或不合理要求,是父母应该深入思考的问题。

训斥责骂对孩子的危害

① 影响孩子大脑结构发育

哈佛医学院精神病学的马丁·泰彻博士带领团队,对几个长期被父母训斥责骂的孩子进行长达十几年的跟踪和研究后发现,当孩子被训斥责骂的时候,体内的应激激素水平会升高,导致大脑结构发生变化,进而导致海马体变小,影响记忆力。

这些对孩子未来的学习和发展带来了巨大的负面影响。长期被父母训斥责骂的孩子,在智力和语言能力的发展上都受到了严重阻碍,甚至还会患上各种精神疾病。训斥责骂对孩子的大脑造成的损伤是永久不可逆的。

② 使孩子的脾气变得暴躁

父母经常用训斥责骂的方式对待孩子,说明父母的脾气也不是很好。而孩子的性格会受到父母的影响,孩子会本能地去模仿父母的行为方式,会像父母一样不懂得管理自己的情绪,脾气也会像父母一样变得越来越暴躁,遇到棘手的问题或困难时也就会像自己的父母那样大吼大叫了。这类孩子大多不爱思考,做事没有耐心和常性,喜欢使用强力解决问题。因此,以暴制暴的方法是帮不了孩子的,对孩子的成长也起不到正面作用。

③ 使孩子失去自信,胆小怕事

经常遭受父母的语言强力的孩子,会变得越来越胆小怕事。很多胆小的孩子被父母训怕了,为了不继续被责备,不敢直接表达自己的想法与诉求,久而久之就会变得凡事小心翼翼、畏首畏尾,遇到困难时,会习惯性逃避不敢迎难而上。这种孩子容易受人欺负,即便自己吃亏了,甚至遇到坏人了,也不敢反抗。这类孩子因为长期压抑自我,从小就要在强势的父母面前低头的他们,养成了看人脸色行事的习惯，缺乏自信和自我意识，容易形成"讨好型人格"。

同时，缺乏自信会让孩子在人际交往中，无法正视自己的优缺点，不懂得怎么与他人更好地相处，找不到合适的方式与他人沟通。被父母经常训斥责骂的孩子大多沉默寡言，这样使得他们很难扩大自己的交际圈。久而久之，朋友也会越来越少。

④ 使孩子产生自我否定

父母动辄对孩子训斥责骂的行为，体现了父母这样一个思维逻辑："我是对的，你是错的。"这只会让孩子认为："被他人拒绝＝我是错的。"真正让人感到痛苦的不是没有达成目标，而是被他人评判为"错误的""不讲道理的""不值得被爱的"。长期处于这样的环境中，会导致孩子陷入深深的自我怀疑和自我否定中，使之在人际交往中不敢提出自己的合理诉求，同时也不知道如何恰当地拒绝他人。

如何判断父母是否与孩子陷入了权力之争

著名儿童心理学家鲁道夫·德雷克斯曾说：**"不论什么时候，当我们命令或强迫孩子做事情，就会导致权力之争。"**而家庭中的权力之争，本质上就是家庭成员动用各种手段以争取在各种家庭事务中的主导权，也就是"听谁的""谁说了算"。

家庭中的权力之争在生活中极其常见，但同时人们又经常难以对它有所察觉。这是因为人在没有觉察的时候，会将自己的行为做出"合理化"的解读。尤其当一个人带有情绪，无法看清事物本质的时候，就会对自己的行为进行无意识的美化。经过美化之后，人们的注意力会发生选择性倾斜，只会关注对自己有利的部分。人们会认为自己很委屈，坚信自己才是有道理的那个人，而最后的结果就是父母的认知严重偏离了客观事实，父母误将与孩子之间的权力之争当成了自己对孩子的家庭教育。

当父母搞不清是否与孩子发生了权力之争时，可以思考以下几个问题：

① **在这件事中，父母的好处是什么？**

很多父母面对这个问题时可能会本能地回答，自己所做的一切都是为了孩子好。但是我们应该认识到，每一个人都有自己的需求。父母想让孩子听话懂事，其目的或许是希望自己能够在孩子面前树立威信，或许是希望得到周围人的羡慕和肯定。

② **父母的行为，是为了满足自己的需求，还是为了满足孩子成长的需求？**

在对孩子进行家庭教育时，如果以孩子为中心，那父母自然需要遵从孩子的成长规律，观察理解孩子行为背后的需求，给予符合孩子要求的帮助。在这个过程中，父母的身份是辅助者，而孩子才是成长的主体。

③ **父母在对孩子进行家庭教育时，处于什么样的情绪，用什么样的语气与之交流？**

当父母明白，在孩子的成长过程中，父母是辅助者，孩子才是主体之后，就要思考，在对孩子进行教育的过程中，自己是否经常无法控制自己的情绪，让自己处于生气和愤怒的状态中？父母教育孩子时的语气是否是强硬的、怒气冲冲的、苛求的？权力之争在情绪和语言上的一个显著表现是：情绪越来越失控，言辞越来越激烈。

> 遇到需要父母维持规则时，父母应该拒绝孩子违反规则的行为，但是应以向孩子强调规则为主，避免陷入和孩子之间的权力之争中。

✓ 拒绝+行为的对话方式

拒绝+行为

基本原则：在影响到孩子的生命安全时，在孩子违反规则需要父母维持规则时，父母应该拒绝孩子的这些行为，并且从客观角度说明拒绝的理由。由此推导出两个沟通模型，接下来结合实例说一说。

拒绝+行为 { 拒绝+行为+耍赖
              拒绝+行为+危险

✓ 拒绝 + 行为 + 耍赖

睡觉前想玩手机的孩子

果冻和妈妈约定好,每天晚上睡觉前是亲子阅读时间,但是最近果冻总闹着想玩手机。

✗ 怎么总想着玩?一点儿出息都没有。

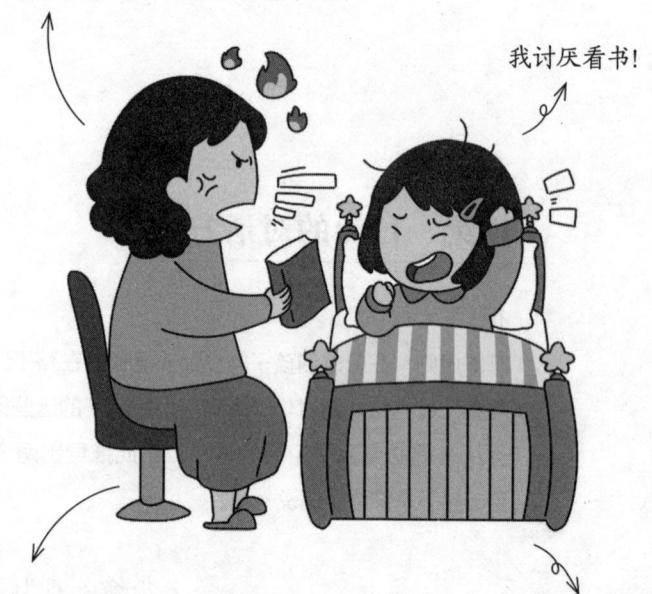

我讨厌看书!

✓ 宝贝,妈妈不能答应你的要求,因为我们已经约好了,睡前是看书时间。好孩子是不要赖皮的。

那我还是看书吧。

✗ 父母在拒绝孩子的时候加入了自己的情绪和感受,就很容易从以维护规则拒绝孩子耍赖变成和孩子之间的权力之争。

✓ 在向孩子强调规则时,态度要坚定,语言要温和。

✓ 拒绝 + 行为 + 危险

淘气的孩子爬上了大树

汽水和爸爸一起到公园玩，淘气的汽水看到一棵大树，突然心血来潮地爬了上去，还开心地在上面手舞足蹈。

✗ 你赶快给我下来！再不下来，看我不好好揍你一顿！

不嘛，我就要在树上玩。

✓ 爬到高高的树上是不是可以看得更远啊？但是爬树并且在树上蹦蹦跳跳是很危险的，一不小心就可能会摔下来受伤的。

好的，我不乱动了，马上就下去！

✗ 拒绝孩子的不良行为时，一味以强力的方式威胁训斥，只会陷入和孩子之间的权力之争中，并不能有效阻止孩子的不良行为。

✓ 孩子做出一些危险行为时，父母应该及时制止。但是父母前去制止的出发点应该是保护孩子，并且从孩子的角度出发说明利害，让孩子主动认识到危险性，而不是为了树立自己的权威和一味发泄自己的愤怒。

拒绝 ≠ 训斥，避免陷入权力之争

✓ 拒绝+方式的对话方式

拒绝+方式

基本原则：父母拒绝孩子时的态度应该是温和且坚定的，可以多采用一些委婉的方式，不要经常性简单粗暴地用"不"的方式直接拒绝孩子。由此推导出三个沟通模型，接下来结合实例说一说。

$$拒绝+方式\begin{cases}拒绝+方式+温和\\拒绝+方式+坚定\\拒绝+方式+委婉\end{cases}$$

✓ 拒绝 + 方式 + 温和

吃饭时孩子拿着筷子敲碗盘取乐

汽水在吃饭时发现筷子敲击碗盘可以发出叮叮当当的声音,于是他开心地拿起筷子对着碗盘不停地敲打。

✗ 你这样敲敲打打的,像什么样子? 一点儿规矩都没有,别人会嘲笑你没有教养的。

我在自己的家里,想干什么就干什么,谁敢嘲笑我?

✓ 吃饭的时候敲碗盘是会影响到其他人夹菜吃饭的,也是不礼貌的表现。如果你觉得这个声音好听,可以等大家吃完饭后再敲着玩。

好的,那我先好好吃饭,等大家吃完饭再玩。

✗ 家长用不相关的事情训斥孩子,并试图以此制止孩子,不仅会把问题的重点带偏,不利于解决问题,还会引发孩子与父母的对抗,让父母和孩子陷入权力之争。

✓ 温和耐心地向孩子解释,父母为何要拒绝、制止他的行为,这样会更容易让孩子接受,也会让他们从中学会换位思考。

拒绝≠训斥,避免陷入权力之争 | 109

✓ 拒绝 + 方式 + 坚定

反复尝试抠插座的孩子

果冻最近对插座产生了强烈的好奇心，经常尝试去抠、去摸插座，爸爸多次制止她的危险行为，但果冻依然在反复尝试。

✗ 你是不长记性吗？跟你说了多少回不准碰插座，你要再这样，我就打你屁股！

我就要玩！我要一探究竟！

✓ 你现在可以来儿童房，随便玩各种有趣的玩具，也可以和爸爸一起做游戏，但是摸插座的行为是坚决不允许的，这是很危险的行为，如果不小心触电是会让你受伤的。

好的，我知道了。触电很危险！谢谢爸爸！

✗ 父母训斥孩子或许一时能够起到震慑作用，让孩子停止不良行为，但是如果孩子不在父母的监督范围内时，其不良行为可能还会继续。这样既不能完全避免此类问题再次发生，还会对孩子的内心造成伤害。

✓ 当父母反复制止孩子的不良行为却仍然无效时，可以试着采取其他方法来继续制止孩子，但是父母在这一过程中的立场要坚定，态度要温和。

✓ 拒绝 + 方式 + 委婉

孩子想先玩耍再写作业

周日,汽水想让妈妈带他去游泳馆玩,但是妈妈想让汽水完成老师布置的家庭作业后再去。

✗ 玩什么玩?作业没写完之前,哪儿都不准去!

✓ 我又不是不写作业!我还不能放松一会儿了是吧?

✓ 等你作业写完,咱们可以去游泳馆玩到尽兴。游完泳,妈妈还能带你去吃大餐!现在赶紧先把作业写完吧。

✓ 好的,我这就去写!要不我还要惦记着回家写作业呢。

✗ 父母用简单粗暴的方式和蛮横的态度拒绝孩子,很容易让孩子产生抵触情绪,这时父母和孩子就会陷入由情绪引发的权力之争中。

✓ 父母用委婉的方式巧妙拒绝孩子,并从孩子的角度出发,提供更好的方案,可以和平友好地解决此类问题。

拒绝≠训斥,避免陷入权力之争 | 111

第 9 章

充分关注,
　　孩子更渴望情感满足

长期忽视对孩子造成的心理损伤更甚于虐待

"对孩子，你给予足够的关注了吗？"

我相信，在面对这个问题时，大部分父母都会陷入沉思中。那么接下来，还有几个问题需要你去思考：

当你忙于工作而孩子跑过来要求你陪他玩耍时，你是否就是递给孩子一个玩具并告诉孩子，"爸爸（妈妈）现在很忙，你先自己玩一会儿吧"？

当你陪孩子玩耍的时候，你是在专心地陪孩子一起玩耍，还是大部分时间都在盯着手机？

当孩子和你说话的时候，你是在用心倾听，并且与孩子进行高质量的对话，还是在漫不经心地回应着孩子？

我们都明白，如果父母总是在物质上满足孩子，会把孩子宠坏。而更多的父母因为忙于工作，在家庭生活中，总是更多地去满足孩子的物质需求，关心孩子的身体健康与学习成绩，却往往忽略了孩子内心的真实需求。在父母眼里，孩子总是稚嫩的，所以父母很难把自己和孩子放在平等的位置上去沟通。很多父母认为，只要和孩子待在一起就是陪伴孩子。很多时候，父母认为自己在陪孩子，孩子感受到的却可能是父母对自己的忽视和敷衍。

父母的忽视会让孩子感受不到被关心、被照顾的感觉，使孩子缺乏安全感，孩子也会因为父母的态度而下意识地与之疏远。同时，如果父母经常以敷衍的态度对待孩子，还会造成孩子对父母失去信任。如果一些父母再因为孩子没有安全感和对父母的不信任感，就认为孩子与自己不亲近，行为举止上表现出对孩子的不满和怨言，最终只会使彼此之间失去信任，无法建立良好的亲子关系，甚至会让亲子关系彻底恶化。

哈佛大学儿童发展研究中心在2012年做过一项关于忽视对儿童大脑发育影响的研究。研究认为，人类大脑的健康发育依赖于能够得到回应的养育环境和能够提供支持的人际关系，这也为孩子未来的身心健康奠定了牢固的基础。研究还证实了美国卫生与公众服务部2010年调查的一组数据，表明忽视是儿童虐待中最普遍的现象。基本互动需求缺失导致的生理紊乱问题，将会给孩子的学习、行为和健康造成一生的影响。长时间对孩子各种需求的忽视，会对孩子的成长造成极大的伤害。另外一些研究报告表明，对孩子严重的忽视，甚至比身体虐待对孩子造成的危害更大。

因此，家长不要认为自己坐在孩子身边就是陪孩子，孩子的内心需求应该得到家长的重视，孩子需要的是家长高质量的陪伴。

忽视对孩子心理的具体危害

① 影响孩子的感知能力，让孩子出现认知障碍

父母长期忽视孩子的情感需求，会让孩子经常产生莫名的空虚感，让孩子没有办法投入地享受生活，不能积极地感受生活的快乐，孩子总会因为一些莫名其妙的原因感到不愉快。同时，孩子会经常背负强烈的负罪感和耻辱感，没有原因地感觉沮丧、悲伤和愤怒。孩子倾向于压抑自己的情绪和情感，认为自己没有理由活得这么不开心，但又害怕别人知道。

② 让孩子产生低价值感、低自尊或自我否定

被忽视的孩子在成长的过程中和成年后会出现一种现象，即"莫名其妙地失败"。一件事情通过他的努力，好不容易就要成功的时候，往往会莫名其妙地失败。其深层的内在原因可能是从小被忽视、被否定，导致孩子对自己做出了不切实际的自我评价。孩子无法准确地认识到自己有什么才能，喜欢过度强调自己的弱点，潜意识觉得自己不应该获得成功，没有资格获得成功。孩子害怕一旦获得成功后，会面临着更大的惩罚与打击。而遭遇失败后，这类孩子不能容忍因为自己犯错而导致的失败，他们会沉浸在反复的自责中，最后强化对自我的否定，形成恶性循环。

③ 影响孩子的社交能力

父母的忽视会很容易让孩子产生心理阴影，这种行为模式会让孩子学着家长的样子去对待自己周遭的人、事、物。孩子在面对其他人时不愿意真诚沟通，对待亲戚朋友疏远和冷漠；产生反依赖心理，恐惧依赖别人，在应该向他人寻求帮助的时候不敢、不愿寻求他人的帮助，喜欢独来独往；产生述情障碍，不会好好说话，不会关心别人，不会正确地表达自己的情绪。这些情况都会严重影响孩子与他人沟通，对孩子的社交能力产生负面影响。

④ 可能让孩子采取极端的方式寻求父母关注

孩子如果长期被父母忽视，就可能会采用某些极端的方式来寻求关注，比如制造一些麻烦，破坏某些物品，逃学，离家出走，甚至自杀等，以此引起父母的注意。因为父母长期对孩子正常地表达需求的行为视而不见，孩子就会选择用极端的行为方式快速地达到自己被关注的目的。有研究表明，很多有自杀倾向的孩子，都有过长期被父母忽视的经历。

⑤ 让孩子寻找其他方式获得代偿性关注

孩子长期得不到来自父母的关注，内心会对关注的需求形成巨大的空洞。孩子会做出各种努力和尝试去寻求关注，来填补内心的空洞。例如会早恋，沉溺于游戏和网络世界，甚至是沾染烟、酒、毒品、赌博等，以此来缓解不被人关注所产生的焦虑感。同时，由于孩子过于向外界寻求关注，容易形成讨好型人格，在他人面前选择隐藏自己的想法，委曲求全来讨好他人，没有自己的主见。

✓ 关注+需求的对话方式

关注+需求

基本原则：父母要同时关注孩子的物质需求和情感需求，并关注孩子随着年龄变化产生的需求变化。由此推导出三个沟通模型，接下来结合实例说一说。

$$关注+需求\begin{cases}关注+需求+物质\\关注+需求+情感\\关注+需求+变化\end{cases}$$

✓ 关注 + 需求 + 物质

正在快速长个子的孩子

　　汽水最近长得比较快，很多旧衣服都已经不太合身了，今天他提出让妈妈给自己买些新衣服。

✗ 我上个月不是才给你买了好几件新衣服吗？你现在是学生，不要天天光想着穿什么衣服。

你买的衣服有点儿小了。我最近长得快，很多都不合身了。你自己都没发现，我现在告诉你了，你反倒还要训我？

✓ 你最近是不是长得比较快？之前给你买的衣服尺码也有点儿小，这次我们买几件稍大些的衣服吧。

原来妈妈也发现我最近长个儿了，妈妈真是太体贴了。

✗ 忽视孩子正当的物质需求，会让孩子感觉到委屈和愤怒，影响亲子关系。

✓ 在生活中给予孩子及时的关注，让孩子感受到父母体贴入微的照顾和温暖的爱，才是有效的物质满足，而不应简单地给孩子买东西满足其欲望或者通过给孩子买贵重的物品来显示父母对孩子的爱。

✓ 关注+需求+情感

作文得了一等奖

果冻参加了市里的作文大赛，获得了一等奖。她得到这个消息后第一时间回到家，兴冲冲地告诉了正在加班的爸爸。

✗ 好好，我知道了，等我先把手里的工作忙完，你再和我说吧。

爸爸，你连夸我一声的时间都没有吗？

✓ 快让爸爸看看获得一等奖的作文！哇，这一段的描写真是太棒了，让人看了有身临其境之感！

我最想得到爸爸的夸奖啦，没想到爸爸的评价和评委的评语差不多呢！爸爸能够认真看我的获奖作文，我好开心呀！

✗ 孩子获得了荣誉，都想第一时间得到父母的关注与肯定，父母用敷衍的态度对待孩子，只会使孩子心灰意冷，感到被忽视。

✓ 及时对孩子的成绩、优点、努力等表达肯定和欣赏，满足孩子的情感需求，让孩子感觉到自己的努力和成绩都被父母看在眼里，这种被关注的感觉是对孩子最大的鼓励，可以有效地激励孩子成长。

✓ 关注 + 需求 + 变化

想要自己上下学的孩子

汽水上了初中之后,发现同学们都逐渐开始自己上下学了,但是妈妈还是像之前一样接送他。汽水对妈妈表示,自己也想独自上下学。

✗ 妈妈接送你,又安全又方便啊,难不成你还嫌弃妈妈了?

同学们都已经自己上下学了,他们都开始笑话我了!

✓ 汽水长大了,有独立意识了。从明天开始你就自己坐公交车上学吧,路上要注意安全啊!

我会注意安全的,谢谢妈妈。

✗ 随着年龄的增长,孩子的需求也在发生变化。如果父母没有关注到这些变化,同样也是忽视了孩子的需求。

✓ 及时了解孩子的正当需求产生了哪些变化,并给予满足,时刻保持对孩子应有的关注。

✓ 关注 + 方法的对话方式

关注 + 方法

基本原则:父母关注孩子时要先观察孩子的行为和心理变化,与孩子相处时要保持专注,并给予孩子充分的陪伴。由此推导出三个沟通模型,接下来结合实例说一说。

关注 + 方法 $\begin{cases} 关注 + 方法 + 观察 \\ 关注 + 方法 + 专注 \\ 关注 + 方法 + 陪伴 \end{cases}$

✓ 关注 + 方法 + 观察

闷闷不乐的孩子

果冻最近在学校里被人欺负了，每天都闷闷不乐的，回到家也不愿意说话。

✗ 你最近总是板着一张脸给谁看呢?

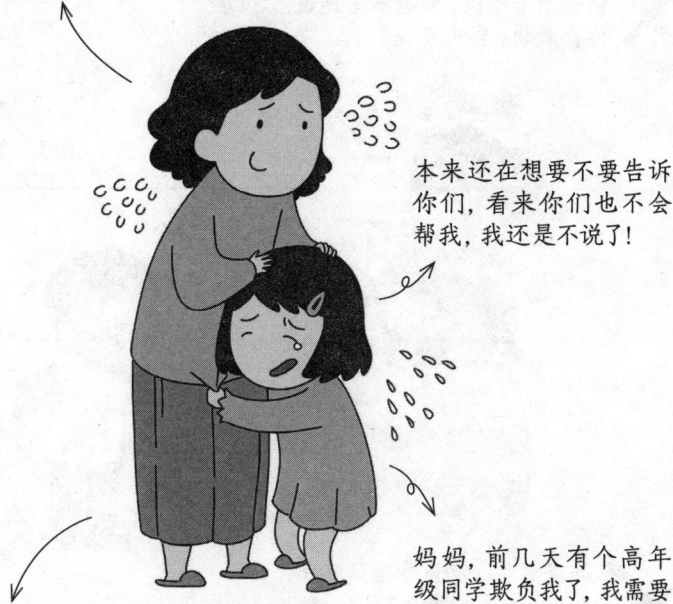

本来还在想要不要告诉你们，看来你们也不会帮我，我还是不说了!

妈妈，前几天有个高年级同学欺负我了，我需要你的帮助。

✓ 妈妈发现你这几天总是闷闷不乐的，可以告诉妈妈发生了什么吗?不管发生了什么，妈妈都可以帮你一起解决。

✗ 孩子一反常态，糊涂的父母也不去询问孩子到底发生了什么，这就错失了为孩子提供援助的机会，严重时可能会酿成不可挽回的后果。

✓ 只有先仔细观察孩子的行为变化，才能对症下药，帮助孩子解决问题。

充分关注，孩子更渴望情感满足 | 123

✓ 关注 + 方法 + 专注

听孩子说话时心不在焉

汽水在学校遇到了一些烦心事，回到家后他主动找爸爸倾诉，可是说着说着，爸爸的手机收到了几条工作信息。

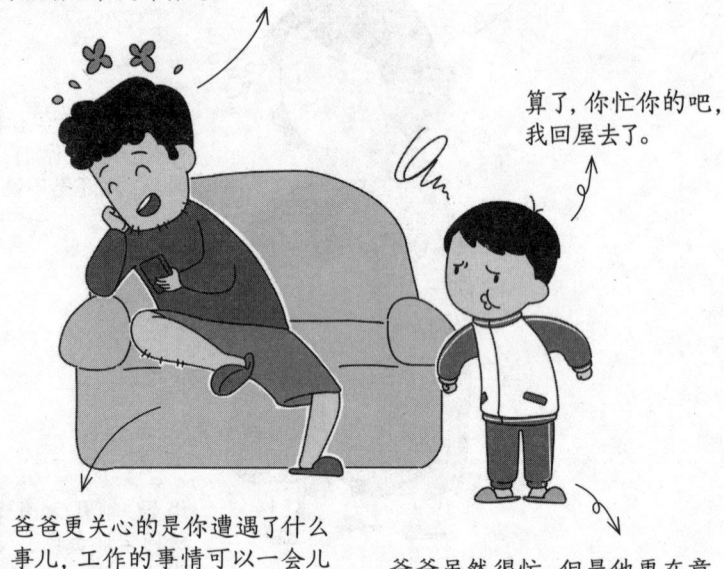

✗ 爸爸看着手机，头也不抬地说："没事，你接着说，我听着呢。"

算了，你忙你的吧，我回屋去了。

✓ 爸爸更关心的是你遭遇了什么事儿，工作的事情可以一会儿再处理。

爸爸虽然很忙，但是他更在意我的感受，他真的很关心我。

✗ 父母和孩子交流时不够专注，会使孩子认为父母在敷衍自己，从而丧失了与父母交流的积极性。

✓ 父母在与孩子交流时保持专注和认真，让孩子充分地感受到爱和尊重，才能建立良好的亲子沟通模式。

✓ 关注 + 方法 + 陪伴

想让忙于工作的妈妈陪自己出去玩

暑假快要接近尾声了,可是妈妈在这个暑假里每天都忙于工作。果冻看到同学们和父母一起出去玩的照片,羡慕极了。于是,她向妈妈提出也想让妈妈陪她出去玩的想法。

✗ 我天天工作这么忙,不都是为了赚钱养你吗?我连自己休息的时间都没有,哪还有时间陪你出去玩?

我不要你赚钱,我就想要你陪我。

太好啦!

✓ 好,妈妈安排一下工作,明后两天陪你出去玩。你现在可以计划一下,我们要去哪里玩。

✗ 对于孩子来说,相比于物质,他们更需要来自父母的高质量的陪伴。

✓ 父母的陪伴对于孩子来说是最好的礼物,高质量的陪伴会让孩子感受到被父母充分关注和爱。所以,无论我们需要面对多少职场的压力和竞争,都不要忘记还有一个期待着我们去陪伴的孩子。安排好时间,放下一切烦恼,全身心地陪伴孩子,享受专属于你们的亲子时光,此时的你也会感受到无比幸福。

充分关注,孩子更渴望情感满足 | 125

第 10 章

安慰：卸下包袱
才能让孩子越挫越勇

你是抱怨型人格吗?

"这道题跟你讲了多少遍了,怎么还不明白?你怎么这么笨!"

"跟你说了多少遍了,要把自己的东西收拾好,你怎么又丢三落四的!"

"你怎么又一直玩游戏不去写作业?"

"你怎么这么不听话!"

……

有一部分父母,并不只是在孩子犯错后对孩子抱怨。比如孩子在学校被同学欺负,他们并不是第一时间去安慰孩子,反而抱怨孩子为什么不离那个同学远一点儿;孩子生病了,他们不是安慰和关心孩子,而是抱怨孩子为什么不多穿点儿。

> 这样的情景是不是让你感到似曾相识?在我们的成长过程中也一定或多或少都经历和体验过。我们一边要面对着生活和职场的重担与压力,一边还要担负起养儿育女的重任,有时难免会感到疲惫和厌倦。如果孩子经常犯错,尤其是在低级问题上频繁犯错时,一部分父母就会脱口而出一些抱怨的话。

不管是哪一种情况,父母的这些抱怨看起来似乎都是由孩子、由外界因素引发的。实际上,抱怨反映的是一个人无法完全接纳自己,只能借此向外界传递自己内心需求的现象。他们就像一只只刺猬,用抱怨作为身上的刺来武装自己,通过刺痛他人来提醒自己的存在,以获得他人的关注。

抱怨也是一种强力的沟通方式。不管是因为哪一种情况,父母在家庭中长期对孩子抱怨,或是会让孩子变得自卑、敏感;或是会让孩子变得独立性差,自我意识薄弱;或是会让孩子失去对父母的信任,厌恶、疏远父母,甚至让孩子想要逃离父母,逃离原生家庭。

当孩子面对挫折时,安慰才是最好的教育方法,它能让孩子的负面情绪得到有效排解,让孩子感受到来自父母的温暖与认同,让孩子再次鼓足勇气面对挑战、奋勇向前,最终让孩子的心理得到健康的发展。

如果在你和孩子的交流过程中,经常出现抱怨性的话语,那你就需要反思,自己是否是抱怨型人格。

抱怨型人格的父母有哪些基本特征

① 抱怨型父母对待孩子和自己采取双重标准

即使自己说错了话、做错了事,抱怨型父母也无法接受"自己是错的,自己撒了谎"这个结论,他们可以做到不顾事实,极力为自己辩解。而一旦孩子偶尔错了,抱怨型父母则会揪住孩子的错误不放。即使是误会了孩子,抱怨型父母也不会认为是误会,仍会坚定地认为"哪怕孩子这次没错,我这么说他,也是让他有则改之,无则加勉"。如果某件事同时涉及了父母和孩子之间的是与非,那么抱怨型父母会坚持认为错的不是自己,而是孩子。

② 抱怨型父母会忽视孩子身上的优点，放大缺点

即使孩子身上优点再多，一旦被父母看到了缺点或某次没有满足父母的要求，孩子的这些优点也会被无视，父母还会进一步放大孩子身上的缺点，对孩子横加抱怨与指责。

③ 抱怨型父母没有道歉概念

在抱怨型父母的脑海里，从来就没有"道歉"这个概念。他们认为父母就是权威，就是对的，即便是自己做错了也是对的，他们宁愿用狡辩和掩盖的方式否定自己的错误，也不会对孩子承认自己的错误。

④ 抱怨型父母经常主动制造冲突

抱怨型父母会为了鸡毛蒜皮的小事制造冲突，抱怨指责个不停，咄咄逼人。例如，孩子洗碗时不小心把水溅到了水池外，父母本可以顺手拖一下或者等孩子洗完碗再去处理，但他们通常眼里揉不得沙子，喋喋不休地抱怨孩子总是把水弄得到处都是；让孩子做一件事，孩子正在做，却又要求孩子马上再去做另一件事，无视孩子不能分身的事实，抱怨孩子没有及时完成自己的要求。生活中的很多事，完全可以点到为止，抱怨型父母却经常抱怨指责个不停，为了一些琐碎小事制造不愉快。

⑤ 抱怨型父母喜欢评论他人

抱怨型父母喜欢评论他人，他们热衷于对别人的方方面面品头论足，经常盯着别人的缺点不放，却看不到自己的缺点。在与孩子相处时，抱怨型父母经常称赞夸奖别人家的孩子，而对自己的孩子总是充满着批评和抱怨。

⑥ 抱怨型父母经常干涉孩子的事务

抱怨型父母会找各种借口干涉本属于孩子的各种事务。在与孩

子的相处中，抱怨型父母往往没有边界感，在无意识中剥夺了孩子独立处事的权利。

⑦ 抱怨型父母对于具体事务没有具体需求和解决方案

如果孩子问父母："**你们总是抱怨我，难道你们喜欢这样吗？如果不喜欢，你们可不可以告诉我解决问题的方法？如果是我的问题，我可以改。**"这个时候，抱怨型父母通常不能很好地解决孩子的困惑，也提不出解决方案。在普遍性的亲子矛盾中，冲突的发生是因为一方或双方的需求得不到满足。抱怨型父母提不出解决抱怨的方案，对应的恰恰是"无需求"。其实每一个人都是有需求的，只是对于抱怨型父母来说，实际的需求存在于他们的潜意识中，他们并不能准确地感知自己的需求，这样在他们的意识中实际等于"无需求"。在不明确父母的需求的情形下，孩子永远无法彻底解决被父母抱怨的问题。

✓ 安慰+共情的对话方式

安慰+共情

基本原则：父母想要真正做到安慰孩子，首先要做到与孩子共情。共情并非同情，共情是能够理解对方的感受，能够让对方觉得他是被人所理解的。由此推导出三个沟通模型，接下来结合实例说一说。

$$\text{安慰}+\text{共情} \begin{cases} \text{安慰}+\text{共情}+\text{难过} \\ \text{安慰}+\text{共情}+\text{恐惧} \\ \text{安慰}+\text{共情}+\text{烦恼} \end{cases}$$

✓ 安慰 + 共情 + 难过

梦想受挫的孩子

汽水从小就梦想当一名战斗机飞行员，驾驶战斗机保卫祖国的安全。为此他努力学习，锻炼身体，终于在高三时参加了招飞体检。可是体检没有通过，汽水很伤心，哭着把电话打给了曾经是飞行员的爸爸。

✗ 哎呀，我当是什么事呢，一个大小伙子哭什么！飞行不是你想象的那样，我觉得飞行特别枯燥。当飞行员很辛苦的，你们现在的小孩子也吃不了那个苦。

我和你不一样！当飞行员开战斗机是我一直以来的梦想！

✓ 你一定特别热爱飞行事业吧，爸爸能明白你现在的感受，因为爸爸身边有很多因为被淘汰、最后没有真正成为飞行员的同学，他们难过的样子和你现在一模一样。

那他们后来都怎么样了？

✗ 在孩子遭遇困难时，如果父母不能对孩子产生共情，那么对孩子的安慰就是无效的，甚至还会对孩子造成二次伤害。

✓ 父母只有先做到与孩子共情，理解了孩子难过的原因，才能准确地给予孩子所需要的安慰。

安慰：卸下包袱才能让孩子越挫越勇

✓ 安慰 + 共情 + 恐惧

害怕打针的孩子

果冻发高烧需要打针，从小就害怕打针的她一看到医生拿出的针，就吓得哇哇大哭了起来。

✗ 都多大了还哭，不就是打个针嘛，怎么这么娇气。

呜呜呜……

✓ 你是因为怕疼吧？妈妈小时候也像你一样害怕打针，每次打针都要哭。有个医生告诉我，可以在打针的时候想几个笑话，然后就不会觉得那么疼了，果冻也可以试一试哦。

真的会有用吗？那我现在先想几个笑话试一试。

✗ 孩子在脆弱和难过时需要父母的安慰，父母却用抱怨和不耐烦应付，这只会加重孩子的负面情绪。

✓ 父母通过自身的经历对孩子表示共情并给予安慰时，能够很有效地化解孩子的恐惧感。

✓ 安慰 + 共情 + 烦恼

总是学不会滑雪的孩子

汽水一直非常想学滑雪，爸爸带他来到了滑雪场，可是汽水练习了很久还是滑不好，这让汽水很是烦恼。

✗ 唉，你怎么这么笨！都来回滑了这么多趟了还在摔！带你来滑雪就是来浪费钱的！

算了，我就是学不会，我不滑了！

✓ 儿子，你比我刚学滑雪的时候好多了，我刚学滑雪的时候连着摔了三天，摔得我屁股疼得都不敢坐下！

爸爸摔了那么多跤最后还是学会了，我比爸爸刚学的时候强多了，看来只要我肯坚持，一定可以学会的。

✗ 当孩子遭遇挫折时，父母用抱怨而非安慰的态度对待孩子，往往会让孩子瞬间丧失面对挫折的意志，进而直接选择放弃。

✓ 有时候，父母一句恰当的安慰和鼓励，就给了孩子继续面对挫折的勇气与信心。

✓ 安慰+引导的对话方式

安慰+引导

基本原则：在父母给予孩子安慰时，要先引导孩子说出自己真实的想法，同时注重引导孩子宣泄自己的情绪，最后提出适当的建议。由此推导出三个沟通模型，接下来结合实例说一说。

$$\text{安慰}+\text{引导} \begin{cases} \text{安慰}+\text{引导}+\text{交流} \\ \text{安慰}+\text{引导}+\text{释放} \\ \text{安慰}+\text{引导}+\text{建议} \end{cases}$$

✓ 安慰 + 引导 + 交流

孩子不开心却不愿意告诉父母

昨天晚上爸爸接果冻回家时，发现果冻一路上闷闷不乐。回到家，爸爸给果冻做了她最爱吃的菜，也没有让果冻高兴起来。今天爸爸来接果冻时发现果冻依然不开心。

✗ 你是怎么回事？明明满脸不开心，爸爸问你却不说。

→ 没什么，我挺好的啊！

豆包生病了，这两天我们没有在一起玩。

✓ 是发生什么不开心的事了吗？以前总是看到你和豆包在一起玩，这两天他没来上学吗？怎么没有见到他？

✗ 父母在孩子没有吐露心声时强迫孩子说，往往会适得其反，让孩子更加不愿意与父母交流。

✓ 有时候，孩子不开心，并不知道如何宣泄自己的情绪，同时，孩子慢慢长大，开始有自己不愿意告诉父母的小秘密。这时父母在给予孩子安慰前要先进行引导，让孩子讲述事情的过程和自己的想法。

✓ 安慰+引导+释放

把不开心憋在心里的孩子

青春期的汽水变得有些敏感，当他遇到了不开心的事情感到难过和沮丧时，只是用沉默来应对。

✗ 妈妈都和你说了多少遍了，不开心了不能憋着，你老是憋着，会把人憋坏的！

哦……

啊！！！我现在感觉好多了！

✓ 在过山车上和大家一起大声地喊吧！把所有的不开心和烦恼都喊出来！

✗ 对于敏感内向的孩子，父母引导其发泄情绪时，切忌说出带有强迫性和抱怨性的话。

✓ 宣泄情绪不是只有说出来这一种方式，父母要引导孩子学会用健康且适合的方式，合理宣泄情绪。

✓ 安慰 + 引导 + 建议

陷入困境的孩子

果冻饶有兴趣地玩着自己新买的拼图,但是她一时理不清拼图的顺序了,烦恼的她选择向爸爸求助。

✗ 拼不好就不拼了呗,有你现在折腾的时间,都够你做两张卷子了。

我是来找你帮忙的,你怎么还埋怨我?

✓ 这个拼图确实有点儿难度,没关系,我们可以一起想办法。我觉得我们可以先试着把拼图按颜色分类,这样说不定就能理清顺序了。

好像有一点儿头绪了,谢谢爸爸。

✗ 当孩子向父母寻求帮助和安慰的时候,父母应该耐心引导,并且给孩子适当的建议,而非东拉西扯,满腹牢骚,让原本就遭遇困境的孩子感受到孤独无助或满满的负能量。

✓ 父母在孩子面对困难的时候给予他们必要的帮助和合理的建议,孩子的负面情绪就能随着困难的解决而得到缓解。

安慰:卸下包袱才能让孩子越挫越勇 | 139

第 11 章

完全接纳:
爱是孩子一生的避风港

否定只会毁掉孩子的未来

很多父母在教育孩子时有一种习惯，就是经常否定孩子。

当孩子哭泣时，父母会说："**多大点儿事，你怎么这么爱哭！**"当孩子见到陌生人因为害羞不愿意打招呼时，父母会说："**不和别人打招呼就是没礼貌！**"当孩子被他人称赞时，父母会说："**也就一般般，没什么特别了不起的**"；当其他孩子在某一方面比自己的孩子优秀时，父母会说："**你看别人家的孩子，你怎么就不如人家**"。

这些父母通常都认为，否定是家庭教育的必要部分，否定才能鞭策孩子进步。可是他们没有认识到，孩子的内心是非常敏感的，孩子的心灵也是脆弱的，孩子希望得到父母的支持和理解。父母每一句鼓励的话语，都会使孩子信心百倍，父母一句粗暴的呵斥、一句随口的否定却足以伤害孩子的尊严。

生活中，有太多父母，因为各种各样的理由对孩子说出各式各样否定的话语。这些话语，相信很多人都不陌生。当孩子对这些来自父母的否定表示不满时，父母通常都振振有词："说你都是为你好！""我这么说是要让你学会谦虚，不让你变得骄傲！""人家比你好，难道不是事实？我这是在鞭策你！"

请试着对孩子使用正向的鼓励和赞美的语言。当肯定的语言常常出现后，我们不仅能感受到与孩子相处时的气氛变得更加温馨舒适，而且会发现孩子更愿意让自己变得越来越好。长期使用鼓励和赞美的话，会让我们收获一个阳光、积极、自信、努力的孩子。

父母经常否定孩子的内在原因

有些父母在生活中经常否定孩子而不自知；也有些父母在与孩子的相处中，下意识地使用了否定性的话语，而事后却感到惭愧自责，发誓做出改变，但在之后与孩子的相处中仍然会陷入否定孩子的循环中。父母想要真正停止对孩子的否定行为，就要先了解自己经常性地否定孩子的内在原因。

① **父母奉行了错误的教育观念**

这一类父母认为，表扬容易让孩子产生骄傲自大的心理。他们认为骄傲和自满容易让孩子看不到自己的缺点和不足，以至于满足现状、止步不前，也容易让孩子无法在越挫越勇中锤炼意志力和抗压能力，这可能会为孩子的未来埋下隐患。因此当孩子取得成就、获得成功时，他们不仅不对孩子的成就给予肯定，反而用一种轻描淡写的态度一笔带过，或提出孩子的其他问题对孩子加以"警醒"。这一类父母的行为实则是错误的"贬低式教育"。

② **父母将自己的负面情绪向孩子发泄**

这一类父母不会处理自己在生活中产生的负面情绪，当他们在生活中遭遇失败、否定、烦恼、打击后，负面情绪不能通过正常的途径得到排解，长期压抑在内心深处。当这样的父母回到家，面对孩子的问题时，对孩子的批评就变成了他们发泄自身负面情绪的通道。这一类父母的典型行为是会拿着孩子的一点儿小问题大做文章，经常将孩子的问题上纲上线。

③ 父母认为通过否定可以在孩子面前树立威信

这一类父母经常性地否定孩子，是为了维护自身的权威感，在孩子面前树立威信，并企图教育出一个顺从听话的孩子。他们喜欢通过比较来对孩子进行否定，通过给孩子不断带来"你的能力不行""你的见识不够""你的智慧不足"等感受，在孩子心中树立起父母的权威，从而让孩子依赖父母，对父母言听计从，从而获得对孩子的掌控。

④ 父母对孩子抱有过多非客观期望

这一类父母常常对孩子抱有十分高的期望，他们有的因为自身非常优秀，所以认为自己的孩子更应该是人中龙凤、天资卓越；有的因为自己的理想没有实现，常常望子成龙、望女成凤，把个人理想和期望强加给孩子。这类父母不能接受自己的孩子普通平庸，他们对孩子抱有过多的主观期望，却忽略了孩子自身的意愿、客观条件和特点。一旦孩子没有达到父母的主观期望，这类父母就会忽视孩子身上的优点与特质，将大量精力集中在孩子的缺点和问题上，对孩子进行否定打击。

⑤ 父母与孩子之间有代沟，且不愿意走进孩子的世界

这一类父母因为不愿意了解、接触社会上新的、未知的事物，与孩子之间产生了代沟，却坚持用过去的观念标准强行要求孩子。而很多父母过去的观念和标准已经不适用于当下孩子的生活环境，在产生这种冲突时，这类父母因为过于守旧，不愿意自我反思，从而通过否定孩子来获得自身的正确性。

⑥ 父母在无意识中复制了自己父母的行为

这一类父母在成长时也是在否定、贬低、压抑的氛围中度过

的。这些父母由于成长时长期受到他们父母的否定，因此无法接纳自己。同时，父母习惯于把孩子视作自己的一部分，当父母无法接纳自己时，自然也很难认同孩子，所以他们也会否定、贬低、打击自己的孩子。这类父母在无意识中延续了原生家庭的行为，他们否定孩子的行为是源于对自己父母行为的强迫性重复。

父母长期否定孩子的危害

① 会导致孩子自卑

孩子在成长的时候得不到原生家庭的支持，反而总是受到父母的否定和打击，这会使孩子变得更加自卑。如果孩子总是得不到家长的认可，就会变得既自卑又胆小。

② 会导致孩子缺乏归属感

人是社会性的动物，每个人都会在一个团体中找到自己的位置，寻求归属感。家庭也是一个小团体，父母如果总是否定孩子，孩子无法获得来自父母的认同，就很难在家庭中体会到被接纳，就会感觉自己像是一片孤岛，无法产生归属感。

③ 会导致孩子产生长期性的心理疾病

奥地利心理学家阿尔弗雷德·阿德勒曾说过："幸运的人一生都被童年治愈，不幸的人一生都在治愈童年。"孩子长期处于父母否定式言语的氛围和影响下，容易出现两种极端的性格。孩子或是会出现执拗、易怒、暴躁，甚至发展为狂躁症或躁郁症；或是会产生自我否定和自我退缩，出现畏惧、自卑表现，甚至发展为抑郁症。

✓ 接纳+真实的对话方式

接纳+真实

基本原则：父母要想完全地接纳孩子，就要看到客观真实的孩子，接纳孩子的情绪、失败、能力与特质。由此推导出三个沟通模型，接下来结合实例说一说。

$$接纳+真实\begin{cases}接纳+真实+情绪\\接纳+真实+失败\\接纳+真实+独特\end{cases}$$

♥接纳+真实+情绪

孩子怕黑

汽水特别怕黑,经常要求晚上开着灯或者和爸爸妈妈一起睡觉。

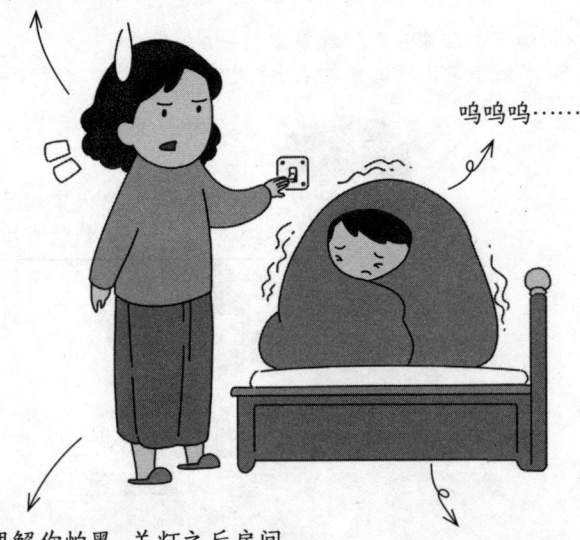

✗ 哪有什么妖怪,一个男孩子怎么那么胆小!

呜呜呜……

✓ 妈妈理解你怕黑,关灯之后房间变黑只是一种正常情况,自然界也没有妖怪。你如果特别害怕,妈妈今天可以陪你睡。

谢谢妈妈,我可能需要一段时间来适应黑暗,我会学着去独立面对的。

✗ 父母在孩子感受到难过、恐惧时,不是去接纳并疏导孩子的情绪,而是在无意中从自己的立场出发去否定孩子的感受,这是不对的。要知道,父母不能以成年人的认知和能力去看待问题,这个时候接纳和共情显得尤为重要。

✓ 父母粗暴地否定孩子的负面情绪并不能真正解决孩子的困扰。父母接纳孩子的情绪,与孩子共同面对,并且给孩子科学合理的建议和方法,才能真正给予孩子面对困难的勇气。

✓ 接纳 + 真实 + 失败

游泳比赛拿了第二名

果冻从小练习游泳,在很多游泳比赛中拿了冠军,但是这次的比赛,她只拿了第二名。

✗ 你怎么回事?平常都是拿第一的,第二名就不是你应该拿的名次!

人家就是比我厉害,我能有什么办法!

下一次我一定会赢回来!

✓ 没事的,比赛本来就有输有赢,只要你自己努力,用尽全力去比每一场,你就是最棒的!

✗ 父母在孩子遭遇失败时总是否定、指责,会给孩子带来巨大的负面情绪,让孩子感到沮丧、委屈或挫败,产生想要放弃的念头。如果父母经常性地这样做,那么孩子可能不仅没有被这种"挫折教育"所激励、鞭策,反而会在长期的否定中渐渐丧失斗志和自信心,无法鼓起勇气去迎接更大的挑战,最终彻底放弃。

✓ 父母接纳孩子的失败,才能不给孩子带来额外的负担,让孩子轻装上阵,迎接下一次的挑战。

✓ 接纳 + 真实 + 独特

喜欢独自钻研的孩子

汽水喜欢独自钻研科学实验。在家里，他爱一个人做科学实验；在学校课余时间，他喜欢一个人看有关科学的书籍。但是妈妈觉得这样会让他享受不到和小朋友一起玩耍的乐趣。

✗ 光会做实验有什么用？不会跟别人交往会变得不合群！以后每天放学回来你必须去和小朋友玩，不准做实验！

我就是喜欢做实验，不喜欢跟别人玩！

✓ 做实验一定很有趣吧？妈妈朋友家的小孩也喜欢做实验，下次你们要不要尝试一起合作？

真的吗？那我想要和他认识一下，以后一起玩。

✗ 父母在很多时候只认可自己认为对的事，而不懂得因材施教的道理。要知道，教育不是流水线作业，教育是要让每个孩子都能发现并更好地成为他自己。每个孩子都有自己独特的天赋，我们要做的是发现孩子的优点和长处并去强化与引导，而不是用自己的或社会的标准去衡量、评判和教育孩子。

✓ 父母接纳孩子的特质，并加以引导，能让孩子发挥天赋，同时收获快乐。

♥ 接纳 + 方法的对话方式

接纳 + 方法

基本原则：父母要做到接纳孩子，首先在行为上不要把孩子同别人作横向比较，同时要对孩子有一个全面客观的认识，体验、参与孩子的具体事务。由此推导出三个沟通模型，接下来结合实例说一说。

$$接纳+方法\begin{cases}接纳+方法-比较\\接纳+方法+认识\\接纳+方法+体验\end{cases}$$

✓ 接纳 + 方法 - 比较

遇到了别人家优秀的孩子

果冻和妈妈外出时遇到了妈妈的同事和她的孩子，同事说自己的孩子刚考过了钢琴十级，果冻比他大两岁，现在却只考过了钢琴八级。

✗ 你看看人家，比你小两岁都已经考完十级了，你就是没有人家有天赋！

可是我已经很努力了。

妈妈，快乐就是动力，我也能考过十级的。

✓ 别在意，妈妈送你去学钢琴是因为妈妈发现弹钢琴会让你快乐，在你感受到开心快乐面前，考级没那么重要。

✗ 父母经常犯的一个错误就是拿别人家的孩子和自己家的孩子做横向比较，这会让孩子感到来自父母的否定，十分不利于孩子的成长。

✓ 不比较，是父母对孩子表达接纳的行为。父母对孩子包容，用智慧引导孩子，做孩子温暖的港湾，孩子就有勇气扬帆远航。

✓ 接纳 + 方法 + 认识

文理分科犯了难

汽水马上要面临文理分科了,他想选择文科,但是理科出身的爸爸却想让他学理科。

✗ 男孩子就应该学理科,只有理科学不好的才会选文科!

啊,对对对,我就是因为太笨了才要学文科,我就是学不会理科!

谢谢爸爸,我一定会努力的!

✓ 爸爸已经和你的老师沟通过了,老师说你虽然学习物理、化学比较吃力,但是你文笔细腻,感情丰富,说明你更有学文科的天赋,爸爸支持你选文科。

✗ 父母不对孩子做客观的认识或了解,一味凭借自己的主观观念来否定孩子,只会让孩子陷入消极的自我否定之中,影响孩子未来的发展。

✓ 父母要做到接纳孩子,就要摒弃自己的主观观念,对孩子进行客观的了解认识,这样才能让孩子扬长避短,找准努力的方向。

✓ 接纳+方法+体验

孩子要去逛漫展

果冻要和朋友一起去逛漫展,为此她打扮成了最喜欢的一个动漫角色的样子。正要出门时,果冻碰到了刚好回家的妈妈。

✗ 你穿的这是什么衣服!

去逛漫展的很多人都打扮成动漫里的角色,你不懂了吧!

✓ 漫展好玩吗?妈妈也想体验一下,可以和你一起去看看吗?

当然可以!要是我的朋友们知道我妈妈愿意和我一起去漫展,她们一定很羡慕我能有这么好的妈妈!

✗ 当父母对孩子的某些行为感到不能理解时,下意识地否定只会让父母和孩子之间增加距离,甚至产生矛盾。

✓ 父母遇到不能理解的孩子的行为时,最好的做法是和孩子一同参与体验,以增进对孩子的了解。

第12章

信任你的孩子，
做孩子坚固的靠山

孩子不愿交流是因为父母不够信任

相信有很多父母都遇到了这样的问题：曾经天真无邪、每天都要缠着父母、对父母无话不说的孩子，不知从什么时候开始，渐渐不愿意和自己说话了。父母渐渐地不再能听到孩子和同学、朋友之间的趣事，不再能听到孩子在生活、学习上遇到的烦恼，不再能听到孩子的奇思妙想。哪怕父母主动找孩子聊天、对孩子说教，孩子也不再回应，甚至没有表现出任何情绪波动，只是用沉默面对父母。当父母打开手机，甚至还会发现，孩子早已对父母屏蔽了他们在社交软件上的动态。

理论上，父母从孩子一出生就开始照顾孩子，为了让孩子能够无忧无虑地健康长大，他们付出了很多很多，父母是孩子在这个世界上最应该无条件相信的人。似乎不相信父母的孩子在社会中应该是少数的，这些不信任父母的孩子一定是他们自身出了问题。但是著名家庭教育研究专家张文质曾经做过这样一个调查，他走访了全

> 当孩子不愿意和父母交流时，父母往往会抱怨"搞不懂孩子脑袋里每天都装着什么"，抱怨孩子有自己的小心思了，不相信父母了，甚至会怀疑孩子是不是有了什么见不得人的小秘密，是不是有了不良嗜好，是不是早恋了。

国几十所学校，向这些学校的孩子们提出了这样一个问题："**当你在生活中遭遇危险或遇到了难以解决的问题时，你首先想到的是向谁求助？**"调查的结果相信会让很多人感到震惊：这些被调查的孩子中，只有不到 7% 愿意向父母求助。

可见，孩子不愿意和父母交流，不愿意向父母求助，是当下社会中的普遍现象。而出现这一现象的原因，有一方面是父母不信任孩子，在日常生活中对孩子经常表示怀疑，让孩子认为自己在遇到困难和问题时无法得到父母的信任和支持，因此不管遇到什么，都不愿意再与父母有所交流。

父母对孩子的怀疑，不仅会让孩子对父母失去信任，还会让孩子或是变得敏感自卑、内耗严重；或是变得叛逆，不听从父母的教育；或是变得同样多疑，无法用正确的方式和态度与他人正常交往。有些孩子面对父母的怀疑，甚至会采用危害自己生命的方式自证清白。

父母对孩子采取信任的态度，让孩子和父母之间保持能够畅通交流的良好亲子关系，让孩子有自我提升的内在动力，父母也不再需要投入大量的精力监督孩子，可以有更多时间处理自己的事务和情绪，让家庭关系更加和谐。

父母对孩子不信任的原因

① 父母思维固化

父母对孩子怀疑、不信任的原因是自身的思维固化。这在一些观念传统的父母身上有很明显的体现，他们的观点是自己的孩子永远都是孩子，哪怕孩子已经长大成人，拥有了丰富的知识、经验、能力，他们仍然对孩子的观点不屑一顾。典型的例子是很多老年人面对电信诈骗深信不疑，而面对孩子的劝说却听不进去，甚至认为孩子的劝说是另有目的的。

② 父母与孩子缺乏沟通

父母对孩子怀疑、不信任的原因是与孩子缺乏沟通。沟通指的是人与人之间互相交流想法、观点和情绪。而很多父母在面对事情时，往往只是单方面地输出自己的观点和情绪，不给孩子解释的机会。父母在这种状态下并不倾向于了解具体的实际问题，而只是想单方面发泄自身的负面情绪。

③ 父母不能用发展的眼光看待孩子

父母对孩子怀疑、不信任的原因是不能用发展的眼光看待孩子。这一类父母具体表现为，当孩子在某些事情上反复犯错时，父母不能发现孩子反复犯错的内在原因，不能帮助孩子解决问题，而是在潜意识中认为孩子不会进步成长。当出现和孩子犯错造成的后果相同或相似的场景时，父母不做调查判断，就下意识地认为是孩子又一次犯了相同的错误，这种轻易下结论的做法严重挫伤了孩子的积极性。

④ 父母对孩子的事情过度焦虑

父母对孩子怀疑、不信任的原因是对孩子的事情过度焦虑。典型的情况是父母总是希望孩子能有一个好的成绩，从而拥有美好的未来。当孩子的学习成绩没有达到期望时，父母通常会过度焦虑，认为是孩子没有付出努力认真学习，从而对孩子采取监督、监视等过激的手段，让孩子感受到不信任。

⑤ 父母不懂得尊重孩子

父母对孩子怀疑、不信任的原因是不懂得尊重孩子。他们没有把孩子当作一个有独立思想、独立人格的人来平等对待。这类父母在面对外人时通常能做到平等尊重，不胡乱猜疑；而自己面对孩子时，他们在潜意识中认为孩子是自己的所有物，在怀疑孩子时就没有采取正常的方式去了解问题，而是用粗暴的方式强行给孩子下了定论。

⑥ 父母下意识回避问题

父母对孩子怀疑、不信任的原因是在面对孩子遭遇的一些事件时，采取回避问题的态度。这一类父母的典型情况是，当遭遇校园强力等侵害时，孩子选择告诉父母试图寻求帮助，但一些父母却不相信，或者认为孩子被侵害是因为孩子主动招惹了对方。这一类父母往往由于自身能力不足或是软弱，无法帮助孩子去面对困境解决问题，从而持否定怀疑的态度，选择回避问题。

✓ 信任+逻辑的对话方式

信任+逻辑

基本原则：父母信任孩子要遵守三条逻辑，即在没有确凿证据证明是孩子的错误时，要假定孩子无辜；对于当下发生的事情要就事论事，不翻旧账；要用成长型思维看待孩子。由此推导出三个沟通模型，接下来结合实例说一说。

$$\textbf{信任+逻辑}\begin{cases}信任+逻辑+无辜\\信任+逻辑+当下\\信任+逻辑+成长\end{cases}$$

✓ 信任 + 逻辑 + 无辜

孩子在学校和同学打架

汽水的老师通知妈妈来学校一趟。据老师说，汽水在学校和同学发生矛盾，打了起来。

✗ 好啊！不好好学习，还学会跟人打架了，看我回去不好好收拾你！

不是我先动手的！别人打我，难道我还不能还手了？

✓ 妈妈相信你不会无缘无故和别人打架的，你可以告诉妈妈具体发生了什么吗？

他先给我起难听的外号，我不让他说，他就先动手打我，我就还手了。

✗ 父母遇到突发事件时，先入为主地认为是孩子有错并对孩子表示怀疑，只会让孩子更加委屈，同时孩子也会渐渐对父母失去信任。

✓ 父母要做到对孩子信任，首先要在没有证据时假定孩子无辜。法律上也坚持疑罪从无原则，更何况是父母对孩子。有句话说得好，如果连父母都不信任孩子，那么世上还有谁能信任他？

✓ 信任 + 逻辑 + 当下

放在桌子上的钱不见了

果冻曾有拿家里的钱买零食的坏习惯。今天爸爸回家后顺手把 10 块钱放在了桌子上,可是却发现桌子上的钱不见了。

✗ 你小时候就爱偷偷拿钱,我放在桌子上的 10 块钱肯定又是被你拿走了!

我以前不知道拿钱是不对的,现在我已经不这样了,你怎么还提以前的事来冤枉我!

✓ 爸爸放在桌子上的 10 块钱找不到了,你可以帮爸爸一起找找吗?

好的爸爸……呀,在这里!可能是被风扇吹到沙发底下的。

✗ 当下和过去相似的两件事情不一定有必然的逻辑联系,翻旧账是父母对孩子不信任的表现。

✓ 父母要面对的是当下发生的问题,专注于解决当下的问题,才是对孩子的信任的表现。

✓ 信任 + 逻辑 + 成长

孩子想要帮忙搬重物

家里正在搬家,需要把很多打包好的箱子搬下楼,汽水表示要帮爸爸妈妈一起搬。

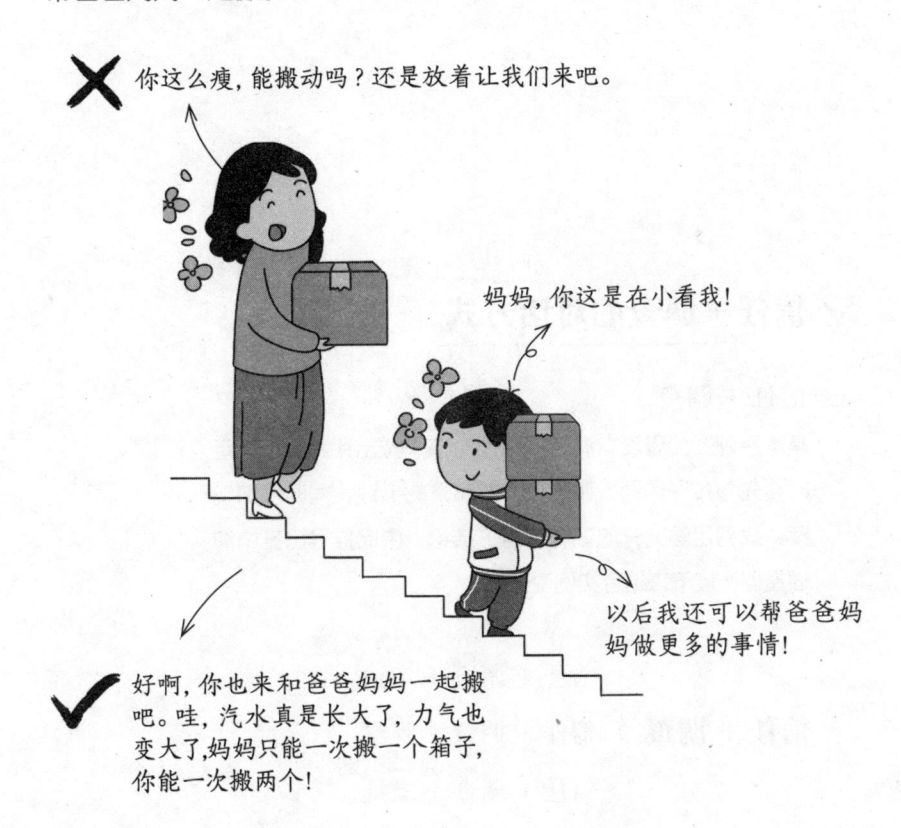

✗ 你这么瘦,能搬动吗?还是放着让我们来吧。

妈妈,你这是在小看我!

以后我还可以帮爸爸妈妈做更多的事情!

✓ 好啊,你也来和爸爸妈妈一起搬吧。哇,汽水真是长大了,力气也变大了,妈妈只能一次搬一个箱子,你能一次搬两个!

✗ 很多父母潜意识里会认为孩子永远是孩子,似乎总是长不大,无形中忽视了孩子的成长,对孩子能力的怀疑就自然产生了。

✓ 父母想要做到信任孩子,就要在内心牢记,孩子是会不断成长的,每一个孩子最后都会成为成年人。

✓ 信任 + 调查的对话方式

信任 + 调查

基本原则：父母没有调查就不能对孩子做出评判。在调查时要先与孩子沟通，倾听孩子对事情的描述，同时仔细观察，找到足够充分的证据后再下结论。由此推导出三个沟通模型，接下来结合实例说一说。

$$信任+调查\begin{cases}信任+调查+沟通\\ 信任+调查+观察\\ 信任+调查+求证\end{cases}$$

✓ 信任 + 调查 + 沟通

两个孩子玩耍发生了矛盾

果冻和汽水一起玩玩具,没过多久,果冻突然号啕大哭起来。

✗ 果冻怎么突然哭了,一定是你欺负妹妹了!

我没有欺负妹妹,你冤枉我!

✓ 果冻怎么突然哭了?可以告诉妈妈发生什么事情了吗?

果冻要抢我手里的玩具,我不给她,她就哭了。

✗ 不听孩子对整件事前因后果的描述,是典型的父母不信任孩子的行为。

✓ 调查的第一步是让孩子说话。让孩子讲述事情的前因后果,才能让孩子感受到父母对自己的信任与尊重。

信任你的孩子,做孩子坚固的靠山 | 165

✓ 信任 + 调查 + 观察

家里的花草遭了殃

爸爸在家里种了很多花草，可是今天一回家，他发现自己种的花草竟然掉得满地都是。

✗ 是不是你在家里搞破坏了？！你看看，我辛辛苦苦种的花都被你弄成什么样了！

不是我干的！我今天和同学出去玩了，我也是刚到家！

✓ 这些断掉的叶子上都有牙印，嗯，应该是没有关好门，家里的猫咪进来把这些花草给啃了。

爸爸是怎么知道这些叶子是猫咪咬的？猫咪为什么会啃叶子？爸爸可以给我讲讲吗？

✗ 父母不调查清楚就认定是孩子的错，只会让孩子受到父母无端猜疑的伤害。

✓ 调查的一个关键是要仔细观察，很多时候通过观察就可以判断事情是否与孩子有关。仔细观察是信任孩子的父母应该做到的事情。

✓ 信任 + 调查 + 求证

孩子被误会了

果冻和妈妈在逛一家服装店。突然一个展示服装用的假人模特倒在了地上,摔得粉碎,而此时果冻就站在旁边。服务员认为是果冻碰倒了模特,并要求妈妈赔偿。

✗ 对不起,对不起,是我没看好孩子,这孩子也太不小心了。总共需要多少钱,我现在就赔偿。

可这个模特不是我碰倒的呀。

✓ 以我对孩子的了解,她应该是不会做这样的事的,我们去查一下监控吧……你看,在模特倒地之前,我女儿并没有碰到它,她只是看到假人要摔倒,试图去扶一下。

没看监控之前,妈妈就选择了相信我,还愿意为我找证据证明,妈妈真好。

✗ 当孩子被外人质疑时,父母不去寻找证据求证事情的真相就妄下结论,只会让孩子感受到来自父母的不信任。

✓ 在孩子被人质疑时,父母选择用证据和事实来判断,才能让孩子感受到自己被父母尊重和信任了。

图书在版编目（CIP）数据

刻意练习父母与孩子的有效对话：漫画版 / 凌希著.
北京：中华工商联合出版社，2024.7. -- ISBN 978-7-5158-4006-2

Ⅰ．G78

中国国家版本馆CIP数据核字第20240UE733号

刻意练习父母与孩子的有效对话：漫画版

著　　者：	凌　希
出品人：	刘　刚
责任编辑：	吴建新　林　立
封面设计：	冬　凡
插图绘制：	清露工作室
责任审读：	郭敬梅
责任印制：	陈德松
出版发行：	中华工商联合出版社有限责任公司
印　　刷：	三河市华成印务有限公司
版　　次：	2024年8月第1版
印　　次：	2024年8月第1次印刷
开　　本：	720mm×1020mm　1/16
字　　数：	108千字
印　　张：	11
书　　号：	ISBN 978-7-5158-4006-2
定　　价：	36.00元

服务热线：010—58301130—0（前台）
销售热线：010—58301132（发行部）
　　　　　010—58302977（网络部）
　　　　　010—58302837（馆配部、新媒体部）
　　　　　010—58302813（团购部）
地址邮编：北京市西城区西环广场A座
　　　　　19—20层，100044
投稿热线：010—58302907（总编室）
投稿邮箱：1621239583@qq.com

工商联版图书
版权所有　侵权必究

凡本社图书出现印装质量问题，
请与印务部联系。

联系电话：010—58302915